KB175082

디지털 인문학의 이해

이 저서는 2007년도 정부(교육부)의 재원으로 한국연구재단의
지원을 받아 수행된 연구임(NRF-2007-362-A00021)

디지털 인문학의 이해

문상호 · 강지훈 · 이동열 지음

이담
Books

머리말
『디지털 인문학의 이해』를 펴내며

　디지털 인문학은 문자 그대로 '디지털'과 '인문학'의 합성어이다. 디지털 인문학은 인문학과 관련된 모든 제반 활동 즉, 인문학 연구, 인문학 교육, 인문학의 사회 공유 및 확산 등을 위한 활동을 디지털 기술이나 정보 기술을 통해 창의적이고 효과적으로 수행하고자 하는 시도이다. 이는 단지 인문학에만 국한되는 것이 아니며 학술, 문화, 예술, 미디어, 콘텐츠 등 사회 전반에 걸쳐 다양한 분야에 적용된다. 이는 지금 우리가 살고 있는 디지털 시대 즉, 디지털로 대화하고 디지털로 이해하는 이른바 디지털 소통 시대에 적응하고 또 살아가기 위한 자연스러운 현상이자 반응이기도 하다.

　이 책의 필자들은 부산외국어대학교 지중해지역원이 2007년부터 교육부와 한국연구재단의 지원을 받아 수행 중인 인문한국지원사업(해외지역연구분야)의 공동연구원, HK 연구교수, 연구원으로 각각 참여하여 왔다. 사업 초기에 컴퓨터공학이 전공인 본 저자가 "어떻게 하면 인문·지역학과 정보통신기술 분야를 융합할 수 있을까"라는 원론적인 질문을 가지고 융합에 많은 고민을 하던 중에 전자문화지도라는 연구 주제를 접하게 되었다. 그리고 공동 저자들과 함께 인문한국지원사업의 연구 아젠다인 '지중해지역의 문명간 교류 유형 연구'라는 범주 내에서 전자문화지도를 활용한 다양한 연구를 수행하였으며 결과를 학술지에 발표하였다. 그러다가, 전자문화지도를 벗어난 더 큰 개념의 인문·지역학과 정보통신기술 분야 융합의 필요성을 인지하고 찾아 헤매이다가 우연히 디지털 인문학을 알게 되었다. 디지털 인문학을 처음 접하게 되었을 때 마치 끝이 없는 사막에서 길을 잃다가 오아시스를 찾은 심정으로 매우 흥분되었던 것이 아직도 기억에 생생하다. 본 필자들은 국내외 관련 도서, 학술지 등을 찾아가면서 차근차근 배워나가기 시작해서 최근까지 디지털 인문학과 관련하여 다양한 연구를 진행 중에 있다. 이때, 한국학중앙연구원 인문정보학의 김현 교수와 김바로 선생의 도서, 학술지, 블로그 등으로부터 디지털 인문학과 관련하여 도움이 되는 다양한 지식들을 습득할 수 있었으며, 이 지면을 빌려 감사의 마음을 전하고자 한다.

이 책은 디지털 소통 시대에 사는 우리가 디지털 인문학을 대하고 대화하며 또 이해하는 방법에 관한 내용을 다룬다. 이 책의 내용은 총 2부로 구성되어 있으며, 디지털 인문학에 대한 개요 소개와 디지털 인문학의 연구 및 활용 사례에 대한 논의를 다루었다. 제1부 '디지털 인문학 입문'은 디지털 인문학이란 무엇인가에 대한 담론을 중심으로 큰 틀에서 디지털 인문학에 대한 이해를 돕고자 하였다. 디지털 인문학을 접하기 전에 먼저 학문 융합 및 인문학과 자연과학의 융합에 대한 이해를 다루었다. 그리고 이를 바탕으로 디지털 인문학에 대한 개념 및 유래, 정의, 연구 주제를 중점으로 하여 디지털 인문학을 이해하는 데 주안점을 두었다. 제2부 '디지털 인문학의 연구 사례'에서는 본 저자들이 이제까지 수행한 디지털 인문학 관련 연구들의 과정 및 결과를 담고 있다. 세부적으로 인문·지역연구에서의 정보시각화 활용 방안, 디지털 인문학 시스템의 개발 방법, 전자문화지도 및 구축 사례, 사진 콘텐츠 활용 방안, 키워드를 활용한 지역연구 동향 분석, 사진 공유 웹사이트를 활용한 관광 영향 분석, 주제별 중첩 기능을 활용한 전자문화지도 시스템 구축, 디지털 인문학의 빅데이터 활용 사례에 대하여 어떠한 방법으로 연구가 이루어졌는지를 설명하였다. 이를 통하여 디지털 인문학에 관심이 있는 독자들에게 디지털 인문학이 실제로 어떻게 활용될 수 있는 지에 대한 이해를 줄 수 있다. 이와 더불어, 이 분야의 연구 및 시스템 개발에 참여하는 사람들을 위해서는 실제 관련 활동에서 필요한 정보 기술에 대한 이해 및 운용할 수 있는 역량을 습득하는데 많은 도움이 될 수 있도록 하였다.

농업사회, 공업사회, 지식정보사회 등의 사회 발전 단계를 지나 21세기에 창조사회를 접어들면서 융합은 선택이 아닌 필수가 되었다고 말할 수 있다. 이러한 융합은 학문 연구에도 많은 영향을 끼치고 있으며, 이러한 융합 학문의 대표적인 사례가 디지털 인문학이다. 전 세계적으로 인문학과 정보통신기술을 결합한 다양한 연구 및 개발이 이루어지고 있으며 점점 더 중요성이 커져가고 있다. 한 권의 책으로 방대한 디지털 인문학의 모든 내용을 담을 수 없다는 것은 잘 알고 있지만, 디지털 인문학의 발전에 미약하나마 작은 도움이 될 수 있다는 기대를 가지고 책의 집필을 결심하게 되었다. 이러한 결심을 가지고도 집필하기 전까지 많은 번뇌와 고민이 있었지만, 지중해지역원 윤용수 원장의 적극적인 의지와 추진력이 있어서 가능했다고 생각한다. 윤용수 원장이 인문한국지원사업을 주관하면서 인문·지역학과 정보통신기술의 융합은 반드시 필요하다는 신념으로 본 필자들의 연구를 적극적으로 지원하였으며, 학생들을 위한 융합 교육의 필요성을 역설하면서 이 책의 집필을 적극적으로 추천하였다. 집필하는 동안에 본 저자들에게 많은 애로사항과 노고도 있었지만, 무엇보다도 강한 동기를 부여한 윤용수 원장 덕택에 무사히 이 책을 집필하였다고 단언할 수 있다. 이 책의 완성과 함께 윤용수 원장에게 무한한 감사를 전하고 싶다. 그리고 본 저자와 함께 이제까지 디지털 인문학 관련 연구를 묵묵히 수행하면서 그 연구의 성과를 담은 소중한 글들을 엮어서 이 책의 가치를 높여준 공동 저자인 강지훈 박사와 이동열 선생에게 깊은 감사를 드린다. 아울러 지중해지역원의 인문한국지원사업에서 공동연구원으로 참여하면서 본 필자들이 부족한 인문·지역학 관련 지식들을 깨우쳐 주시면서 항상 격려해 주시던 최춘식 교수와 하병주 교수에게도 이 자리를 빌려 깊은 감사를 드린다.

아직까지도 국내에서 디지털 인문학에 대한 다양한 의견이나 견해들이 있다. 이러한 관심들이 아직 시작 단계에 있는 한국의 디지털 인문학 분야를 발전시키는 촉매제가 될 것을 기대하며, 미약하나마 이 책이 그러한 촉매제의 역할을 했으면 하는 작은 바람을 가진다. 그리고 이 책의 출간에 많은 협조와 도움을 준 한국학술정보(주)에 감사의 마음을 전하며, 끝으로 항상 나의 곁에서 늘 격려와 용기를 주는 사랑하는 아내와 아들에게 진심으로 고맙다는 말을 전하고 싶다.

2016년 6월
저자를 대표하여 문 상 호 씀

CONTENTS

머리말 / 4

디지털 인문학 입문

PART
01

디지털 인문학 입문

1장 학문 융합

21세기에 접어들면서 사회가 복잡해지고 다양한 요구가 분출되고 있으며, 이러한 변화의 추세는 미래 사회에도 계속 지속될 것이다. 그리고 이러한 변화는 학문에도 많은 영향을 미치고 있으며 특히, 학문 융합에 많은 영향을 주고 있다. 따라서 이제는 융합의 관점에서 학문을 보는 것이 급변하는 사회 변화를 이해하는데 도움이 될 것이며, 이런 패러다임에 따른 학문 체계의 변화는 필연적이라고 할 수 있다.

농업사회, 공업사회, 지식정보사회 등 여러 사회 발전 단계를 지나 21세기에 창조사회에 접어들면서 융합은 선택이 아닌 필수가 되었다. 하나의 학문만을 가지고 지식을 만들어 내다가는 더 큰 부가가치를 만들어 내기가 어렵다. 그렇다고 특정 학문들의 중요성을 폄하하는 것이 아니라, 학문들 간의 융합을 통하여 단계를 한 차원 높이면 우리가 모르던 학문 융합의 세계가 전개될 수 있을 것이다.

융합이라는 키워드가 중요하게 된 동기는 패러다임의 변화 때문이다. 이전 학문 연구에서는 해당 학문의 고유한 영역에서 깊이 있고 심도 있는 연구가 중요했지만, 현재 및 미래사회에서는 보다 창조적이고 다양한 사고가 필요해졌고 학문들 간의 경계를 벗어난 다양성을 가진 연구가 더 중요해졌다. 이로 인하여 특정 학문과 학문을 다른 둘로 생각하는 이분법적인 사고가 아닌, 서로 다른 두 학문들을 융합을 통해 하나의 학문으로 생각해 볼 필요가 있다. 그리고 학문들 간의 융합 추세를 반영하여 국내외 대학에서 학문끼리 모여 서로 협동하고 공동으로 운영하는 자유전공 학부제까지 등장하고 있는 실정이다.

학문 간의 융합은 최근에 나온 이슈가 아니라 원래 14세기 후반부터 15세기 전반에 걸쳐 이탈리아에서 시작되어 근대 유럽문화 태동의 기반이 된 르네상스 시대를 맞으며 등장하기 시작한 것으로 볼 수 있다. 이 르네상스 시대에서는 학문과 학문이 만나야 현상을 제대로 이해하고 문제를 푸는 해법을 찾을 수 있다고 믿었는데, 이게 바로 융합의 기본 개념이다. 이 시대의 학자 및 연구자들은 인문과학, 자연과학, 사회과학 등과 같은 학문을 구분하지 않고, 누구나 형이상학부터 시작해서 철학과 수학을 두루 섭렵해야 자연학과 인성학에 익숙해져 인간과 사회를 제대로 이해할 수 있다고 여겼다.

앞으로 융합을 기반으로 학문체계가 변화하는 것은 당연한 추세라고 볼 수 있다. 21세기에 접어들면서 우리 사회가 지식정보사회에서 창조사회로 변화해 가면서 자연과학, 응용과학 등과 같은 과학 관련 학문들의 중요성이 더욱 커지고 있다. 그리고 분석과학과 경험과학의 분류나 경험과학 속에 기초과학과 응용과학의 구분이 있는 것도 필요하지만, 다양하고 복잡한 문제를 풀기 위해 여러 학문들의 융합이 필수적이다. 따라서 과학기술이 과거와 다르게 급속도로 발달하면서 특정 분과학문에 머물던 것이, 이제는 융합학문으로 나아가는 것으로 보편화되고 일반화되기 시작했다. 이러한 융합학문은 과거의 학문 연구와 달리 서로 이질적인 학문들의 학제 간 연구를 통해 새로운 지식을 창출해내는 통로 역할을 할 수 있다.

2장 인문학과 자연과학의 융합

    지금 국내 대학에서는 사회적 수요 변화로 인하여 전공 및 학문들 간의 장벽을 허물어 새로운 융합을 지향하는 학부(과)·전공이 신설되고 있는 추세이며, 신규 강좌에서도 '학제 간(inter-disciplinary)'이라는 명칭을 붙이는 것이 유행처럼 번지고 있다. 특히, 합쳐지는 학문 영역은 대게 인문학 및 사회과학과 자연과학, 공학 등과 같은 과학 계통의 융합을 꾀하는 방향으로 나아가는 것이 보편화되고 있는 실정이다. 원래 학문 간의 경계를 넘어서는 융합[1]이라는 의미의 표현으로 fusion 혹은 convergence라는 용어를 많이 사용하고 있다. 일각에서는 세계적으로 유명한 학자인 에드워드 윌슨의 『Consilience: The Unity of Knowledge (1998)』 저서를 국내에서 『통섭, 지식의 대통합』[2]이라는 제목으로 번역을 하면서 '통섭(統攝)'이라는 용어도 새롭게 사용하기 시작하였다.

---

1) 원래 화학 분야에서 화학 반응을 일으킨 후에 그 정체성을 잃고 새로운 화학 물질을 생성하는 현상을 설명하는 의미로 사용되는 용어이다.
2) 에드워드 윌슨. 2005. 『통섭, 지식의 대통합』. 최재천, 장대익 역. 사이언스북스.

이러한 통섭이란 용어는 '지식의 통합'이라고 부르기도 하며 자연과학과 인문학을 연결하고자 하는 통합 학문의 이론을 잘 표현한다고 볼 수 있다. 그리고 에드워드 윌슨은 과학, 인문학과 예술이 사실은 하나의 공통된 목적을 가지고 있다고 말하였다.

요즘 학문 융합에서 인문학과 자연과학의 융합이 중요한 화두가 되고 있다. 이러한 배경에는 애플의 큰 성공을 이끈 스티브 잡스가 한 연설에서 "우리가 창의적인 제품을 만든 비결은 우리는 항상 기술과 인문학의 교차점에 있고자 했습니다."라고 언급한 이후, 애플의 성공 기반을 인문학과 기술의 융합이라고 본 대부분의 기업에서는 인문학적인 사고와 소양을 가진 창조적 인재를 원하고 있는 실정이다. 이러한 인재의 대표적인 사례가 유럽 르네상스 시대의 대표적 학자인 갈릴레오 갈릴레이[3]로, 그는 많은 과학적 업적을 남기면서 근대 과학의 아버지라고 불리어진다. 그러나 우리는 그가 천재 과학자라는 사실은 잘 알고 있지만, 뛰어난 문학가인 줄은 잘 모르고 있다. 그는 생전에 수많은 명저를 남겼고 특히, 어려운 물리학 이론을 쉬운 문체로 풀어 쓴 『대화』와 『새로운 두 과학』이라는 책을 집필하여 대중들에게 과학의 흥미를 이끌어냈으며, 천동설과 지동설의 치열했던 논쟁에서 자신의 이론을 명쾌하게 설명하였다.

학문의 융합에서 중요한 것은 학문별 특성을 잘 알고 상호 이해하는 것이 필요하다는 점이다. 먼저 인문학은 인간의 정신에 관한 학문으로 의미와 가치의 분야에 관여하는 반면에, 자연과학은 물질에 관한 학문으로 자연 현상과 객관적 사실의 분야를 탐구한다. 이러한 인

---

3) Galileo Galilei (1564~1642), 이탈리아의 천문학자・물리학자・수학자로, 진자의 등시성 및 관성법칙 발견, 코페르니쿠스의 지동설에 대한 지지 등의 많은 업적을 남겼다.

문학과 자연과학의 특성을 살펴보면 얼핏 보기에는 전혀 관련성이 없어 보이지만, 자세히 살펴보면 서로 공유하고 의존하는 부분이 많다는 것을 알 수 있다. 예를 들어, 인문학에서 가장 기초가 되는 상상성(想像性)은 자연과학적 사실과 전혀 무관한 것은 아님을 알 수 있으며, 이러한 내용은 과거 신화들에서 잘 나타나고 있다. 국내에서도 인문학과 자연과학의 융합과 관련하여 다양한 시도가 있으며, 인문학자인 도정일 교수와 자연과학자인 최재천 교수가 '생명공학 시대의 인간의 운명'을 테마로 여러 차례의 대담 및 인터뷰를 엮어낸 『대담』4) 이라는 책이 있다. 이 책에서 과연 인문학과 자연과학의 융합이 가능할지, 어떤 융합적 실천이 가능한지 등의 원천적 질문에 대한 답을 통하여 인문학과 자연과학이 서로 소통하며 융합과 통섭하는 의미를 알 수 있다.

리처드 필립스 파인만5)은 "과학을 통하여 우리는 과거의 시인들이나 몽상가들이 상상했던 것보다 훨씬 더 기가 막힌 것들을 상상하게 되었다. 그리고 지식을 더 많이 쌓게 되면 더 깊고 더 황홀한 신비감에 빠지게 되어 더욱 더 깊이 파고들게 된다."라고 말한 바가 있다. 이는 인간과 자연에 대한 많은 과학적 지식의 습득이 인문학 발전의 저해 요소가 되지 않으며, 오히려 과학자들이 관찰 및 실험, 가설 설정, 논리적 추론 등의 탐구 과정에서 인문학자와 비슷한 창조적 상상력을 발휘한다는 것을 의미한다. 이와 관련하여 사회생물학의 창시자인 에드워드 윌슨은 "모든 과학자는 뭔가 새로운 것을 하려고 할 때

---

4) 도정일, 최재천. 2005. 『대담』. 휴머니스트.

5) Richard Phillips Feynman (1918~1988), 미국의 유명한 물리학자로 노벨물리학상을 수상하였고 알베르트 아인슈타인과 함께 20세기 최고의 물리학자라고 일컬어진다. 그리고 여러 대중적 도서들을 통해 과학의 대중화에 힘쓴 과학자이다.

끊임없이 꿈을 꾼다. 사실 가설이라는 것은 공상이며, 뭔가 존재할 것이라고 생각하고 이야기를 지어내며 최종 결과물을 상상해본다. 그런데 이건 바로 시인들이 하는 일이 아닌가?"라고 말한 내용도 의미가 상통한다고 볼 수 있다.

일반적인 관점에서 보면 여러 학문들의 지식은 각각의 연구 분야의 활동에서 얻어진 사실들에 기반하여 축적되는 것이 사실이다. 그러나 급변하는 사회 변화에 따라 최근의 학문 연구에서는 특정 학문의 둘레를 벗어나 새로운 패러다임을 여는 근본적 사고의 전환이 필요하다. 특히, 융합이라는 개념의 본래의 취지를 잘 살려서 인문학과 자연과학의 높은 담을 허물어야 되는 시점이 왔다. 세부적으로 각 학문의 세세한 부분을 체계화시키는 데에만 융합의 목적을 두지 말고, 인문학과 자연과학 사이의 간격을 메우고자 하는데 많은 노력을 기울어야 한다.

최근에 인문학과 자연과학의 융합에 대한 많은 시도가 있었지만, 학문 융합에 관련된 개념 정리도 분명하지 않은 채로 수행되고 있어서 여러 가지 쟁점을 안고 있는 것도 사실이다. 예컨대, 자연과학에서 비롯된 개념을 인문학에서 개념적 근거도 불분명한 채 사용한다던지 자연과학의 우위에서 인문학을 흡수하려고 하려는 것 등이다. 이러한 문제점들로 인하여 혹자는 융합은 일종의 지적 사기이자, 인문학과 자연과학을 배신한다는 비판을 표출하기도 한다. 그러나 인문학과 자연과학의 융합은 시대의 흐름에 거스를 수 없는 대세이자, 인간의 유구한 인지적 역사에서 새로운 지평을 열어가야 할 과제인 것만은 분명한 사실이다.

3장 디지털 인문학

1. 개념 및 유래

근래에 학문 간의 경계를 벗어나 새로운 연구 분야나 방법을 도출하기 위한 학제 간 융합 연구가 각광을 받고 있으며, 이러한 학제 간 융합 연구는 학문 간의 경계를 넘나드는 협업 연구를 통해 새로운 연구 방향이나 방법, 정보나 지식을 도출해 내고자 하는 시도이다. 이러한 추세에 맞추어 인문학과 정보통신기술(Information & Communication Technology, ICT) 분야도 다양한 융합을 시도하고 있으며, 이러한 결과의 산출물로서 인문 정보학이나 디지털 인문학과 같은 융합 학문이 태동되었다.

일반적으로 인문학은 인간에 대한 학문으로 여겨진다. 그렇기 때문에 인문학은 인간이란 무엇인가, 무엇이 인간다운 것인가 또는 인간답게 산다는 것은 무엇인가라는 질문을 끊임없이 해오고 있다. 당

연하게도 인간을 중심으로 연구하는 인문학은 자연현상 등 인간이 개입할 수 없는 현상에 대한 연구인 자연과학과는 다른 모습을 보이며, 자연과학에 비해 인문학은 사변적일 수밖에 없었다. 한편 디지털은 아날로그와 대비되는 개념으로, 자료를 특정한 최소 단위를 가지고 처리하는 방식으로 우리가 컴퓨터에서 사용하는 모든 자료는 디지털 방식으로 처리된다. 이러한 디지털 방식의 정보의 생산, 응용 및 관리에 관련한 모든 기술을 정보통신기술이라고 한다.

그렇다면, 디지털 인문학이란 무엇인가라는 질문에 디지털 방식의 자료를 활용하는 인문학인지, 아니면 정보통신기술을 활용하는 인문학인지, 또는 인문학을 디지털화하는 것인지 등 현재까지 디지털 인문학의 개념적 정리는 명확하지 않다. 위의 모든 개념 중에서 어떤 것이 디지털 인문학이다라는 정의는 현재로서는 단언하기가 어렵다. 그러나 단순한 방법론으로서의 디지털 기술을 논할 수도 있으나, 인문학의 방법론과 연구주제, 내용 그 소통의 방법 등 포괄적인 논의가 가능하다는 점을 보면 넓게 디지털 사회에서의 인문학으로 정의하는 것이 바람직할 것이다.1) 이와 관련하여 미국에서 수행된 '디지털 인문학과 미디어 연구'를 통하여 발간된 백서에서는 디지털 인문학의 특징을 학제간(interdisciplinary), 협업적(collaborative), 사회적 참여(socially engaged), 글로벌(global), 시기적절성(timely and relevant)으로 제시하고 있다.2)

디지털 인문학이라는 개념은 비교적 근래에 나타나기 시작하였으

---

1) 최희수. 2011. "디지털 인문학의 현황과 과제". 『소통과인문학』. 인문과학연구원. 제13호. pp.67-95.

2) Todd Presner, Chris Johanson. 2009. *The Promise of Digital Humanities : A Whitepaper.*

며, 초기에는 단순히 자료를 디지털화하고 정리하는 데에서 시작하였
다고 볼 수 있다. 미국, 유럽 등 해외에서는 이탈리아의 예수회 신부
로베르토 부사(Roberto Busa, 1913-2011)가 1949년부터 IBM의 지원을
받아 토마스 아퀴나스(Thomas Aquinas)의 저작과 관련된 자료를 컴퓨
터를 이용하여 중세 라틴어 텍스트의 전문 색인으로 편찬한 것을 디
지털 인문학의 효시로 보고 있으며, 1980년에 『인덱스 토미스티쿠스
(Index Thomisticus)』를 완성하였다.3) 이를 계기로 인문학 연구의 새로
운 방법에 눈을 뜨게 된 미국과 유럽의 인문학자들은 컴퓨터의 활용
을 여러 방면으로 모색하기 시작했다. 이후 미국은 국립인문학 기금
산하에 디지털 인문학부를 설치하였고, 미국 내 재단과 외국 연구기
관과도 파트너 관계를 맺으며 관련 연구를 시작하였다.4) 초기에는 인
문학 전산화(Humanities Computing) 또는 전산 인문학(Computational
Humanities)이라는 이름으로 텍스트 및 언어 자원의 색인·통계 처리
를 위주로 하였으나, 정보 기술 환경의 급속한 진화와 더불어 그 활
용 범위를 데이터베이스와 멀티미디어, 데이터 마이닝(data mining),
그 결과를 그래픽으로 보여주는 시각화(visualization)로 넓혀 갔다.5)

인문학과 관련된 디지털 콘텐츠 구축 사업은 해외뿐만 아니라 국
내에서도 확산되고 있으며, 이를 디지털 인문학으로 보는 시각도 있
다. 이와 관련하여 미국에서는 인문학재단(National Endowment for the
Humanities, NEH)에서 'Digital Humanities Project'을 수행하였고, 독일

---

3) Susan Hockey. 2004. *The History of Humanities Computing, A Companion to Humanities
   Computing*. Blackwell Publishing.

4) 박치완, 김기홍, 유제상, 세바스티안 뮐러 외. 2015. 『디지털인문학이란 무엇인가?』. 꿈 꿀 권리.

5) 김현. 2013. "디지털 인문학 -인문학과 문화콘텐츠의 상생 구도에 관한 구상-". 『인문콘텐츠』.
   제29호. 인문콘텐츠학회. pp.9-26

에서도 독일연구재단(Deutsche Forschungsgemeinschaft, DFG)이 NEH와 공동으로 인문학 연구를 위한 디지털 인프라와 서비스 개발 및 실행을 위한 연구인 'Bilateral Digital Humanities Programme'를 수행하였다. 반면에 국내의 경우에는 문화콘텐츠나 인문콘텐츠 분야가 대두되면서 이와 유사한 디지털 콘텐츠 구축 사업이 진행되었으나, 지나치게 기술 위주였다는 점과 성급하게 산업화 활용을 모색했다는 점에서 실제로는 인문학 성과가 체계적으로 반영되어 개발되지 못한 한계점이 있었다.

과거 수작업으로 연구를 하던 것이 타자기로 변하고 지금에 이르러 워드 프로세스로 진화하였다. 이전에는 인터뷰의 내용을 모두 적어야만 했다면, 이후에는 카세트 녹음기, 지금은 디지털 녹음으로 변화하였다. 그러나 이와 같이 인문학의 연구에 사용된 도구들이 변화하였다고 하여 이를 수기 인문학이나 타자 인문학으로 구분하지는 않는다. 왜냐하면 연구 방법 자체는 변화가 없이 단순하게 도구만 변한 것이기 때문이다. 디지털 인문학은 디지털 기술이나 정보통신기술이 인문학의 도구로 사용되는 것이 아닌 서로 융합하고 부족한 부분을 채워주는 것이다. 문맹률의 감소, 교육기회의 증가, 전자기기의 발달, 인터넷의 보급 등으로 인하여 현재 생산되는 정보의 양은 과거와 비교하기 어려울 만큼 증가하였다. 다음 그림은 해외의 데이터 관련 업체인 IDC(International Data Corporation)에서 분석한 인류의 정보생산량의 변화 추이를 보여준다.

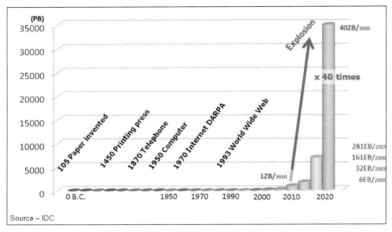

[그림 I-1] 인류의 정보생산량 변화 추이[6]

1제타바이트(zeta byte, ZB)는 미국의회도서관의 전체 저장정보인 235테라바이트(terra byte, TB)의 400만 배의 양으로, 현재의 추세로는 매 15분마다 235테라바이트의 데이터가 새로 생겨나는 것이다.[7] 즉, 출판되는 서적, 편지 등 인간에 대해 연구하기 위한 자료들이 너무 많아진 것이다. 따라서 개인 연구자가 과거의 연구 방식으로 모든 자료들을 조사하는 것은 현실적으로 불가능하다고 볼 수 있다. 반면에 방대한 양의 자료들을 디지털화한 후에 적절한 정보통신기술을 활용한다면, 소규모의 연구 인력만으로도 연구 수행이 가능하다.

정보통신기술로 대변되는 디지털 전문가나 ICT 전문가들의 경우에도 자신들의 문제 해결 방법을 인문학에서 찾을 수도 있을 것이다. 급변하는 디지털 사회에서 인간은 어떤 가치관을 중요시 하게 되며,

6) http://pamneely.com/wp-content/uploads/2014/10/preservation2b.jpg
7) 최윤식, 양성식, 박복원. 2012. 『엘빈토플러처럼 생각하는 법』. 라이온북스.

급격한 사회 변화 속에 발생하는 인간들의 문제를 어떻게 해결할 것인가에 대한 대답은 인문학적 사고로 해결 방법을 찾을 수 있을 것이다. 또한 인문학 연구자는 컴퓨터의 자료를 효율적으로 관리하고 구조화시키기 위한 분야인 자료구조의 노드 개념을 적절하게 활용하여 인문학 자료의 효율적인 구조화에 적용할 수 있다. 웹 디자이너들 역시 인문학을 통해 보다 사용자 친화적인 인터페이스를 구축할 수 있을 것이다.

2. 정의

디지털 인문학과 유사한 용어로는 인문학 전산화(Humanities Computing), 전산 인문학(Computational Humanities), 인문 정보학(Cultural Informatics) 등이 있다. 이 중에서 인문학 전산화나 전산 인문학은 디지털 인문학의 초기 개념으로 인문학 자료를 전산화 또는 디지털화하는 의미로 사용되었다. 인문 정보학에 대해서는 한국학중앙연구원 인문정보학의 김현 교수는 "인문학적 지식을 연구자 및 그 연구 성과의 수요자가 공유할 수 있는 디지털 지식 정보 자원으로 전환하고, 그 자원을 자유롭게 활용하여 2차적인 지식을 생산할 수 있는 가상의 연구 공간을 만듦으로써 인문학의 연구생산성을 향상시키고 그 성과의 사회적 확산을 용이하게 하는 것"이라고 정의하였다.8) 즉, 인문 정보학은 인문 지식에 적용될 수 있는 정보화 기술에 대한 연구로 볼 수 있다.

디지털 인문학(Digital Humanities)에 대한 정의는 일반적으로 인문

---

8) 김현. 2012. 『인문정보학의 모색』. 북코리아.

학과 정보통신기술의 융합 학문이라는 공감대를 기반으로 하고 있다. 먼저 김현, 임영상, 김바로는 "디지털 인문학을 정보통신기술의 도움을 받아 새로운 방식으로 수행하는 인문학 연구와 교육, 그리고 이와 관계된 창조적인 저작 활동"이라고 정의하였다.[9] 그리고 박치완, 김기홍, 유제상, 세바스티안 뮐러 외는 그들의 책에서 "디지털 인문학이 단편적인 방법론으로서의 디지털 기술을 논하기 보다는 디지털 사회에서 인문학의 연구주제와 내용, 그 소통의 방법 등 포괄적인 논의를 다룰 수 있다는 점에서 볼 때, 디지털 인문학을 '디지털 사회에서의 인문학'으로 폭넓게 정의될 수 있다."라고 언급하고 있다.[10] 또 다른 정의로서 김바로는 "디지털 인문학은 인문학과 정보통신기술이 합쳐진 융합 학문으로, 전통적인 인문학의 연구과정에 정보통신기술의 입력, 저장, 분석, 출력의 과정이 융합되어 탄생된 인문학의 새로운 방법론이며 학문 분과이다."라고 기술하고 있다.[11] 외국 학자인 데이비드 베리는 디지털 인문학을 "사회과학, 인문학, 공학 등이 어우러진 학문"으로 규정하고 있다.[12]

디지털 인문학이란 용어와 개념에 대한 다양한 견해들이 있지만, 기존 정의들을 요약하면 디지털 인문학은 초학제적 성격을 지니는 이른바 융합의 새로운 시도를 포함하는 학문분야라고 정의할 수 있다. 세부적으로 인문정보나 인문지식과 정보통신기술이 융합된 형태의 연구방법론, 교육방법론, 연구시스템 등 포괄적인 디지털과 인문

---

9) 김현, 임영상, 김바로. 2016. 『디지털 인문학 입문』. HUEBOOKs.

10) 박치완, 김기홍, 유제상, 세바스티안 뮐러 외. 2015. 『디지털인문학이란 무엇인가?』. 꿈 꿀 권리.

11) 김바로. 2014. "해외 디지털 인문학 동향". 『인문콘텐츠』. 제33호. 인문콘텐츠학회. pp.229-254.

12) Berry David Hirsch. 2012. *Digital Humanities Pedagogy: Practices, Principles and Politics*. Open Book Publishers.

학의 융합 학문을 의미한다. 그리고 이를 위해 활용되는 성격의 정보 시스템을 디지털 인문학 시스템으로 통칭할 수 있다. 다음 그림은 디지털 인문학에 대한 개념을 보여준다.

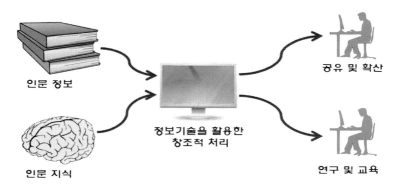

[그림 I-2] 디지털 인문학의 개념

디지털 인문학이 태동되는 시점에서 보수적 인문학 전통이 뿌리 깊은 국내외에서 디지털 인문학의 입지는 사실 비판적이고 유보적인 태도로 견지되었다. 그러나 최근에 넘나들기, 다양성 등의 인문적 가치는, 초연결 시대와 사물인터넷의 미래를 맞이하고 있는 현대인들에게 데이터를 읽는 눈을 요구했고, 사람들은 디지털을 통한 빅데이터를 공유하며 인문학의 한계나 붕괴에서 새로운 가능성을 보게 되었다. 즉, 디지털 인문학은 전 세계적인 인문학의 위기를 타개할 인문학의 미래로 주목 받고 있다. 기존 인문학의 연구 방법으로 접근 가능한 주제와 대상이 점차 고갈되어, 연구자들은 각자의 영역을 더욱 깊게 파고 들어가는 전문화에 집중하게 되었다. 그러나 동종학문 내에서조차 상호 간의 연구를 이해하기 힘들 정도로 고도의 전문화가 이루어지면서 인문학 분과 간의 교류가 쉽지 않을 뿐만 아니라, 인문학의 연구 성과가 사회에 환원되기도 어려워졌다. 이러한 상황 속에서 새롭게 부상한 디지털 인문학은 컴퓨터를 활용하여 인문학 자료를 수집·저장·분석하고, 이를 통해 각 분과 학문의 고립 현상을 타파하여 통섭적이고 융합적인 연구를 가능하게 할 뿐만이 아니라, 인문학의 성과를 사회에 환원하는 방법론으로서 각광받고 있다.[13]

이처럼 사회에서 요구하는 디지털 인문학의 필요성과는 달리 국내는 아직 실제 디지털 인문학에 대한 이해가 다소 부족한 것이 현실이다. 예를 들어, 디지털 인문학에 대한 개념을 인문학 자료의 단순 디지털화, 온라인 서비스, 단순 연구방법론 등으로 정의하는 경우가 많은데, 이는 디지털 인문학에 대한 잘못된 이해에서 비롯된 것이다. 이와 같은 개념이나 정의들은 디지털 인문학의 일부분일 뿐이며 이것을 디지털 인문학이라고 정의하기는 어렵다.[14] 현재 우리가 디지털 시대에 있고 향후에도 이러한 현상이 지속될 것이라는 점은 부정할 수 없는 현실이다. 차세대 인문학자, ICT 전문가, 디지털 인문학자, 미래의 다양한 분야의 연구자를 위해서는 다양한 학문적 시각에서의 시도가 필요할 것이다.

3. 관련 주제 및 기술 동향

디지털 인문학은 일반적으로 인문학 관련 지식이나 정보들을 대상

---

13) 김바로. 2014. "해외 디지털 인문학 동향". 『인문콘텐츠』. 제33호. 인문콘텐츠학회. pp.229-254.
14) 김현, 임영상, 김바로. 2016. 『디지털 인문학 입문』. HUEBOOKs.

으로 정보통신기술을 활용하기 위한 다양한 연구 주제들이 있으며, 세부적으로 도서, 그림 등의 지류 정보들의 디지털화나 디지털 아카이빙, 3D나 VR(virtual reality) 등을 이용한 콘텐츠 제작, 정보시각화, 전자문화지도 등이 있다. 또한, 디지털 인문학과 관련하여 국내외적으로 다양한 연구 수행과 시스템이 구축 중에 있으며, 데이터베이스, 멀티미디어, 데이터 마이닝 및 텍스트 마이닝, 온톨로지, 빅데이터 등의 관련 기술들과 융합하는 방향으로 확장되고 있다. 시스템적인 측면에서는 디지털 텍스트를 기반으로 플래시, 이미지, 멀티미디어 등 다양한 매체들을 연계하는 방향으로 시스템들이 구현되고 있다.

본 절에서는 현재 디지털 인문학에서 주로 다루어지고 있는 연구 분야나 관련 기술에 대하여 살펴본다. 앞에서 언급한 바와 같이 디지털 인문학은 기본적으로 인문학과 디지털 기술이나 정보통신기술이 융합된 특성을 가지고 있으므로, 연구 분야 및 주제, 기술 활용 방안 등 매우 광범위하다고 볼 수 있다. 그래서 모든 관련 내용들을 다 담기는 현실적으로 어렵기 때문에 본 절에서는 관련 정보기술을 중심으로 간략하게 다루고자 한다.

■ 아카이브(archive)

아카이브란 기록 보관소라는 의미로 이해할 수 있으며, 예컨대 조선왕조실록을 보관했던 사고(史庫)들이 아카이브의 일종이라고 볼 수 있다. 그리고 국가기록원의 업무인 주요 국가기록물의 수집·보존 관리는 아카이브 업무라고 할 수 있다. 근래에는 디지털 기술이나 정보통신기술의 발달에 따라 아날로그 기록물을 디지털화하여 이미지나 텍스트 등으로 변환하는 아카이브 작업이 많이 수행되고 있으며, 이러한 작업을 아카이빙(archiving)이라 부르기도 한다. 이러한 아카이빙의 대상이 과거에는 주로 서책 등에 한정되었으나, 현재의 경우 영상, 음성 등 다양한 매체를 대상으로 한다.

다양한 기록물을 수집·보관하는 궁극적인 이유는 해당 기록물을 활용하는데 있다. 그러나 기록물의 특성상 열람을 제한하거나 열람하는 경우에도 기록물의 보존을 위해 복잡한 절차가 필요한 경우가 대부분이다. 이를 해결하기 위하여 원본은 별도로 보관하고 사본을 활용하는 경우도 종종 있어 왔다. 디지털 방식의 자료는 아날로그 방식의 자료보다 복제, 삭제, 편집 등이 쉽고, 원본과 복사본의 차이가 없는 것이 그 특징으로, 디지털화된 기록물은 원본의 손상없이 해당 기록물을 열람할 수 있고 상대적으로 그 내용을 쉽게 파악할 수 있는 장점이 있다. 인문학 정보의 디지털화, 즉 아카이빙은 디지털 인문학에서의 가장 기본적이면서 중요한 주제이며, 이와 관련하여 단순한 기록물의 저장뿐만 아니라 효율적인 활용 방법에 대한 연구도 활발하게 진행되고 있다. 대표적인 아카이브 프로젝트는 유럽 33개국, 2,200개 이상의 기관이 참여하여 구축한 유로피아나 디지털 도서관(Europeana Think Culture)이다.[15] 유로피아나 디지털 도서관은 유럽의 문화유산을 집적·활용하는 아카이브 프로젝트로 텍스트, 사진, 동영상, 음향, 3D 유형의 서비스를 제공한다.

■ 데이터베이스와 XML

방대한 자료를 가지고 있다고 하더라도, 자료가 제대로 구성되지

---

15) www.europeana.eu

않으면 그 자료의 효용성은 떨어질 수 밖에 없다. 이를 해결하기 위한 방안이 데이터베이스의 구축이라고 할 수 있다. 데이터베이스는 우리의 생활에 이미 밀접하게 관련되어 있으며, 대표적인 사례로 도서관에서는 각종 서지 정보를 활용하여 데이터베이스를 구축하여 도서의 검색에 활용하고 있다. 데이터베이스는 항목의 중복을 없애고 자료를 체계적으로 구조화하여 자료의 활용과 저장, 관리의 효율을 높이는 것을 그 목적으로 한다. 데이터베이스의 구축은 위에 언급한 아카이브와 관련 있는데, 수많은 자료를 단순히 수집·보관 하는 것이 아니라 이를 활용하기 위해서는 데이터베이스의 구축이 필수적이다. 최근에는 데이터베이스를 XML과 연동하여 활용하기도 한다.

XML(eXtensible Markup Language)은 인터넷에서 데이터를 표현하고 교환하기 위한 표준화된 텍스트 형식이다. 즉, 네트워크에서 주고 받는 데이터의 포맷을 표준화해서 데이터 교환을 용이하게 하기 위해 생겨난 정보교환 기술이다. XML은 디지털 문서의 내용과 구조, 그리고 외관을 분리하기 때문에, 운영체제나 소프트웨어에 독립적인 장점을 가진다. 따라서 특정 운영체제나 소프트웨어의 도움 없이 파일을 직접 XML로 변환시키거나 XML로 직접 파일을 생성할 수 있으며, XML로 변환하면 다른 방법들에 비하여 훨씬 효과적으로 디지털 자료의 보존 처리를 할 수도 있다. 또한 XML은 데이터 호환이나 연계가 뛰어나서, 데이터베이스나 스프레드시트와 같이 구조화된 데이터들은 쉽게 XML로 변환할 수 있다.

디지털 인문학에서는 이제까지 축적된 인문학 성과인 인문 지식이나 정보의 전산화가 가장 기본적인데, 이를 위해서 데이터베이스 구축이 필수적이다. 즉, 인문학의 학문성과 축적은 매우 방대하고 이를 효율적으로 활용 및 공유를 위해서는 데이터베이스 기술을 적극적으로 활용해야 한다. 국내에서도 이미 이러한 필요성을 인식하고, 2012년부터 한국연구재단에서는 학술인문사회사업의 토대연구지원 등의 연구 과제를 대상으로 적합한 관계형 데이터베이스(Relational DataBase, RDB)나 XML 형식의 데이터를 제출하도록 하고 있다.

■ 링크드 오픈 데이터(Linked Open Data, LOD)

링크드 오픈 데이터(LOD)는 말 그대로 링크드 데이터와 공개 데이터를 합성한 용어로, 공공기관이 다루는 데이터 중 누구나 자유롭게 활용하고 재설계나 재생산할 수 있도록 개방한 데이터를 의미한다. 국내외적으로 오랜 기간 동안에 공공데이터를 확산하기 위한 노력이 있어왔는데, LOD는 이러한 노력의 산물인 것이다. 링크드 데이터의 가장 큰 특징은 URI(Uniform Resource Identifier)를 사용하는 것으로, 인터넷 상에 존재하는 데이터를 개별 URI로 식별하고, 각 URI에 링크 정보를 부여함으로써 상호 연결이 가능하게 된다. 이를 위해서는 모든 원시 데이터를 특정 표준 형식에 맞추어서 상호간 연결을 할 수 있도록 재처리 과정이 필요하다. LOD의 가장 큰 장점은 동일한 데이터를 여러 번 중복해서 만들지 않아도 된다는 것이다. 즉, LOD를 이용하면 웹 자체가 하나의 공유 DB가 되고, 누구나 접근할 수 있기 때문이다. LOD를 잘 활용한 대표적인 사례로는 디비피디아(DBpedia)[16]가 있다. 디비피디아는 위키피디아에 있는 정보를 RDF(Resource Description Framework)[17]로 변환해 모아둔 저장소로, 이를 활용하면 위키피디아

---

16) http://wiki.dbpedia.org/

17) 웹에 있는 자원의 메타 정보를 표현하기 위한 언어로, 제목, 저자, 최종 수정일, 저작권 등과

정보를 개인 웹사이트에 손쉽게 끌어다 보여줄 수 있다.

링크드 오픈 데이터의 국내 구축 사례 중에 국립수목원과 국립중앙과학관의 생물정보 링크드 데이터가 있으며18), 다음 그림은 국립수목원 시스템 구축에서의 생물정보 LOD 데이터 연계도를 보여준다. 이 사례와 관련하여 만약에 소나무에 대한 데이터를 국립수목원에서 만들면, 소나무의 명칭과 뜻, 분포지역, 사진 등의 자료를 정리하여 웹 사이트에 올려놓았다. 그런데 국립중앙도서관도 소장하고 있는 소나무와 관련된 책의 내용을 데이터로 입력해 올려놓게 되면 웹에 중복 자료가 생기는 문제점이 발생한다. 그래서 이 구축 사례에서는 LOD 방식으로 URI를 활용하여 국립중앙과학관 등 유관 기관에 있는 데이터를 곧바로 홈페이지에 연동해 보여준다. 즉, 국립수목원에서는 기존 소나무 소개 페이지에 소나무와 관련된 책 정보를 바로 연결하

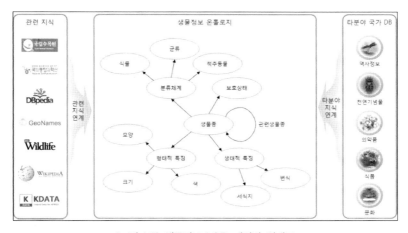

[그림 I-3] 생물정보 LOD 데이터 연계도

같은 웹 문서에 관한 메타 데이터를 XML을 기반으로 표현한다.
18) 한국정보화진흥원 지식자원활용부. 2014. 『링크드 오픈 데이터 국내 구축 사례집』. 한국정보화진흥원.

였다. 따라서 서로 다른 데이터베이스에 저장된 정보이지만, 웹을 매개체로 필요한 데이터를 서로 가져와 쓸 수 있는 것이다.

디지털 인문학에 LOD를 접목하게 되면, 인문 관련 콘텐츠를 만들 때 관련된 데이터들을 이미 나와 있는 LOD를 활용할 수 있어서 구축 시간과 노력을 줄일 수 있다. 또한, 관련 기관 데이터를 참고하면서 자연스럽게 협업을 할 수 있으므로 효율적인 연구 및 개발이 가능하다. 인문학은 오랜 기간 연구되어 왔기 때문에 그 동안에 축적된 인문 지식이나 정보의 양은 매우 방대하며, 관련 학술단체나 기관, 개인 연구자들마다 유사한 주제에 대한 연구 내용이 중복될 개연성이 높은 편이다. 따라서 이러한 인문학의 특성을 고려할 때 디지털화된 데이터에 대한 효율적인 공유 및 활용이 필수적인데, 이를 해결하기 위한 방안으로 LOD 기술의 접목이 이상적이라고 판단된다.

■ 시각화(visualization)

시각화란 데이터 내용이나 분석 결과를 쉽게 파악하게 하기 위하여 차트, 다이어그램 등을 통하여 시각적으로 표현한 것이다. 디지털 인문학에서의 시각화란 인문 지식이나 정보를 시각적인 형태로 전환시켜 활용성을 높이는 것이 목적이며, 데이터의 관계망이나 통계적 수치를 그래프 형태로 시각화하는 것이 대표적이다. 이러한 시각화는 디지털 인문학에서 인문 지식이나 정보들을 효율적으로 표현할 수 있는 흥미로운 연구 주제이며, 이와 관련하여 시각적 인문학(Visual Humanities)이라는 용어도 나오고 있다. 기존의 인문학 연구에서도 시각화라는 개념이 접목되어 왔으며, 일반적으로 인문학적 지식이나 내용 자체를 시각화하기 위해서는 다양한 요소들이 반영될 필요가 있다.

디지털 인문학에서의 시각화 연구 사례로는 특정 가문이나 왕가에 대한 연구를 수행할 때 사용하는 가계도(家系圖), 네트워크 방식을 통하여 표현한 인간 관계 등이 있다. 실제 구축된 시스템 사례로는 중국의 역대 인물에 대한 인간관계, 관직, 저작 등을 시각화한 예로 중국 인물 데이터베이스 프로젝트(China Biographical Database Project)[19]가 있다. 그리고 실제 접근이 어려운 건축물의 3D 구현, 혹은 3D 파노라마 촬영 역시 시각화의 한 분류라고 할 수 있다. 이러한 시각화 유형은 활용하기에 따라서는 내용의 쉬운 전달 방법으로 사용되거나, 기존에 미처 파악하기 어려웠던 사실을 찾는 방법으로 사용될 수 있다. 또한, 인문 지식과 관련된 텍스트와 그 내용 및 문맥을 시각적으로 보여주는 멀티미디어 콘텐츠(사진, 동영상, 파노라마영상, 3D 모델링 등)를 학술적 스토리의 맥락에 따라 구조화한 하이퍼미디어 콘텐츠를 개발할 수 있다.

■ 온톨로지(ontology)

XML 등으로 데이터를 작성할 경우에 데이터의 의미 태그는 인간이 사용하는 언어로 이루어진다. 그러나 컴퓨터는 인간이 사용하는 언어와는 다른 언어 체계를 통해 데이터를 분석하기 때문에 인간의 언어로 구성된 XML 데이터 간의 의미 관계를 스스로 정의할 수 없다. 따라서 각 태그 간의 의미 관계를 설정하고, 관계 사이의 규칙을 정의한다면 해당 지식 체계를 컴퓨터가 이해할 수 있는 형태로 표현할 수 있다. 예를 들어 '작가', '저서', '참고문헌', '논문제목', '논문저

---

19) http://projects.iq.harvard.edu/cbdb/home

자' 등의 의미 태그 간에 관계를 설정하게 되면, "A 저자가 작성한 B 논문에 참고문헌으로 활용한 책의 제목은 C이다."라는 체계를 컴퓨터가 이해하게 되고, 이를 통해 검색이나, 설정에 따라 지능적인 처리를 가능하게 돕는 방법이다. 이를 응용할 경우 복잡한 인간관계 혹은 문화, 생활에 대한 비교적 복잡한 체계를 디지털화하여 사용할 수 있다. 요약하면, 온톨로지란 정보화의 대상이 되는 세계를 전자적으로 표현할 수 있도록 구성한 데이터 기술 체계로 정의할 수 있다.

일반적인 온톨로지 설계 방법은 대상을 클래스(class)로 범주화한 후에, 각각의 클래스에 속하는 개체(individuals)들이 공통의 속성(attribute)을 갖도록 하고, 그 개체들이 다른 개체들과 맺는 관계(relation)를 명시적으로 기술하는 것이다.[20] 디지털 인문학에 온톨로지를 연계하면 특정 주제의 인문 지식을 인물, 사건, 장소, 개념, 문헌 등 여러 가지 유형의 지식 정보 오브젝트(object)로 기술한 후에, 그 개별 오브젝트 사이의 관계를 시각적으로 보여주는 관계망을 구현하는 인문학 콘텐츠를 개발할 수 있다. 예를 들어, 조선시대 서원(書院)의 인물 관계망을 온톨로지 개념을 적용하여 설계한 후에, 이를 콘텐츠로 개발하는 사례가 여기에 해당된다.

■ 빅데이터(big data)

빅데이터란 디지털 환경에서 생산되는 데이터로 그 규모가 방대하고, 형태 역시 다양한 데이터를 의미하며, 상대적으로 짧은 생성주기를 가진다. 방대한 규모와 짧은 생성주기, 비정형화된 데이터 형태로

---

20) 김현, 임영상, 김바로. 2016. 『디지털 인문학 입문』. HUEBOOKs.

인해 이전의 데이터 처리 방식으로는 분석이 사실상 불가능하다. 대표적인 빅데이터 분석 도구로 하둡(Hadoop), 하이브(Hive), 알(R) 등이 사용된다. 빅데이터는 인간들이 디지털 환경에서 생성해내는 데이터로 디지털 인문학에 있어서 중요한 자료가 될 수 있다. 과거 문인들의 관계를 서로 주고 받은 편지로 분석할 수 있다면, 현 시대의 인간의 관계는 서로 주고 받은 데이터로 분석할 수 있을 것이다. 현재 빅데이터와 관련된 많은 연구가 진행되고 있으나, 인권침해 등의 요소로 인해 많은 논의가 진행되고 있는 분야이기도 하다.

■ 데이터 마이닝(data mining)
데이터 마이닝이란 대용량의 데이터로부터 데이터 내에 숨겨진 패턴, 관계, 규칙 등을 탐색하고 찾아내어 모형화함으로써 유용한 지식 및 정보를 추출하는 과정을 말하며, 통계적인 관점으로는 대용량 데이터에 대한 탐색적 데이터 분석으로 볼 수 있다. 즉, 최근 모바일 시대를 맞이하여 수많은 데이터들이 쏟아져 나오고 있는 시점에서, 데이터들 간의 연관 관계를 기반으로 해석을 하여 의미있는 정보나 지식을 판별하는 것이 데이터 마이닝이다. 이러한 데이터 마이닝에는 연관 규칙(association), 분류(classification), 순차 패턴(sequential pattern), 군집(clustering) 같은 방식으로 데이터의 패턴과 상관관계를 파악한다. 데이터 마이닝은 마케팅, 금융 등 다양한 영역에서 활용되고 있으며, 현재에도 활발한 연구가 진행되고 있다.

디지털 인문학에서의 데이터 마이닝을 접목하는 것은 관점을 다르게 볼 필요가 있으며, 세부적으로 인문 지식이나 정보의 특성을 잘 고려하여 데이터 마이닝 기법을 활용해야 한다. 또한, 디지털 인문학에서 디지털 마이닝을 활용할 경우에는 인문학적 통찰을 가미하는 것을 고려할 필요가 있다. 최근에 데이터 마이닝에서 한 단계 발전한 마인드 마이닝(mind mining)이 대두되고 있으며, 이것은 빅데이터의 기술적인 방법론에 인문학적 통찰을 가미하여 소비자와 관련된 성향을 분석하는 방법이다. 이 사례로는 아모레퍼시픽이 중국 화장품 시장에 진출할 때 화장품을 바르면 예뻐진다는 한국인의 상식이 아닌, 먹어서 예뻐진다는 중국인의 소비 성향을 마인드 마이닝을 통하여 파악한 후에 콜라겐 드링크를 출시하여 대성공을 거두었다.

■ 텍스트 마이닝(text mining)

텍스트 마이닝이란 데이터 마이닝의 일종으로, 사람이 직접적으로 생성하는 텍스트 기반의 데이터를 가지고 유용한 정보를 도출 및 가공하는 것을 말한다. 이러한 텍스트 마이닝의 대표적인 사례로 워드 클라우드(word cloud)가 있으며, 워드 클라우드는 텍스트들 중에서 빈도가 많은 글자는 크게 빈도가 작은 글자는 작게 표시한다. 다음 그림은 워드 클라우드의 수행 결과에 대한 예시를 보여준다.21)

초기의 텍스트 마이닝은 워드 클라우드처럼 출현 단어의 빈도를 기반으로 유용한 정보를 도출하는 형태가 대부분이었으나, 이후에는 단어의 출현 빈도뿐만 아니라 단어들의 유기적인 관계를 활용하는 방법으로 발전하였다. 이 방법 중에 단어가 가지는 어감을 이용한 감정분석(sentiment analysis)이 있는데, 실제 페이스북, 트위터와 같은 SNS에서 언급되는 내용과 빈도를 가지고 개봉한 영화가 얼마나 흥행할

---

21) https://www.jasondavies.com/wordcloud/

지를 예측하는 연구 사례가 있었다.[22] 또 다른 사례로는 스팸 메일이 가지는 단어적 특성을 파악하여 스팸메일 여부를 판단해 주는 스팸메일 필터링이 있는데, 실제로 포털사이트에서 많이 사용되고 있다.

[그림 I-4] 워드 클라우드 예시

■ 전자문화지도(electronic cultural atlas)

문화지도란 지도를 매개체로 국가나 지역의 다양한 문화 양상을 표현한 것으로, 주제, 공간, 시간의 축을 연계하여 특정 지역의 시대

---

22) 이오준, 박승보, 정다울, 유은순. 2014. "소셜 빅데이터를 이용한 영화 흥행 요인 분석". 『한국 콘텐츠학회논문지』. 제14권, 제10호. 한국콘텐츠학회. pp.527-538.

별 문화를 통합적으로 이해할 수 있게 한다. 전자문화지도란 공간과 시간값을 가지는 문화 요소들을 지도상에 표현한 문화지도를 전자화한 것으로, 다양한 문화 요소들이 공간값, 시간값과 연계되어 지도위에 시각적으로 표현되므로 특정 정보에 대한 통합적인 이해가 가능하다. 즉, 주제별 문화 요소들을 전자문화지도로 제작하게 되면 아날로그 지도의 물리적 한계를 극복하여 시간의 흐름에 따른 문화 요소들의 변화를 효과적으로 전시할 수 있다. 이러한 전자문화지도는 시각화, 데이터베이스, 아카이브 등의 개념이 복합적으로 활용된 것으로 주로 연구 결과물의 전시 혹은 수집된 데이터의 공유에 사용된다.

■ 지리정보시스템(Geographic Information System, GIS)
지리정보시스템은 과거 인쇄물 형태로 이용하던 지도 및 지리정보를 수집, 관리, 분석할 수 있는 정보시스템으로 방대한 지리 정보를 시스템에 데이터베이스화하여 지리와 관련되는 모든 분야에 적용하기 위해 설계된 시스템이다. 지리정보시스템의 데이터는 공간 자료(spatial data)와 속성 자료(attribute data)로 구성되는데, 공간 자료란 지리 요소에 대한 유형, 위치, 크기, 다른 지리 요소와의 공간적 위상 관계 등을 말하며 벡터(vector) 방식과 레스터(raster) 방식으로 구분된다. 속성 자료는 지리 요소의 속성에 대한 자료이다.

디지털 인문학에서는 인문 지식과 관련된 지리 정보의 시각화를 위하여 지도와 연계할 때 지리정보시스템을 많이 활용한다. 디지털 인문학에서 지리정보시스템과 연계한 연구 사례로는 대만 불교 전기 문학 지리정보시스템(佛敎傳記文學地理資訊系統)이 있다.[23] 이 연구에서는 대만 불교경전에서 등장하는 지리정보를 GIS를 이용하여 분석 및 시각화한 것으로, 세부적으로 사용자가 불교 경전을 읽다가 모르는 지명을 즉각적으로 지도에서 볼 수 있는 서비스를 제공한다.

[그림 I-5] 대만 불교 전기문학 지리정보시스템 웹서비스

■ 디지털 인문학 교육방법론

디지털 기술이나 정보통신기술의 발전으로 인하여 인문학을 가르치는 교육 현장에서 디지털 매체를 사용하는 것은 보편화되고 있는 실정이다. 예컨대 프리젠테이션 도구나 스프레드시트, 영상미디어 등을 활용하는 것이 그것이다. 디지털 인문학은 전통 인문학에 정보통신기술이 융합된 특성을 가지고 있으므로, 디지털 인문학의 교육방법론에서는 단순히 디지털 매체를 교육에 활용하는 것을 넘어서 정보통신기술을 활용하여 전통적인 인문 지식이나 정보를 배우는 방향으로 나아가는 것이 필요하다. 세부적으로 디지털 환경에 익숙해진 학

---

23) http://dev.ddbc.edu.tw/biographies/gis/interface

생들을 대상으로 디지털 환경에서 시스템을 구현하는 방식을 통해 전통적인 인문 지식에 관심을 가지게 하는 것이다.[24)]

　디지털 인문학 관련 교육 사례로는 대학 학부 과정의 학생들을 대상으로 조선시대의 유교 서원에 관한 선비문화 콘텐츠 구현을 목표로, 세부적으로 한국의 서원 위키 백과 편찬, 서원 온톨로지 설계 및 구현 과정이 있었다.[25)] 이 강좌를 통하여 학생들에게 특정 인문 주제를 대상으로 스스로 관련 인문 지식이나 정보를 탐구하게 하고 이를 정보통신기술을 활용하여 디지털 콘텐츠를 저작하게 하였다. 다음 그림은 이 강좌에서 학생들이 프로젝트 팀을 구성하여 수행한 일부 결과물을 보여준다. 디지털 인문학을 교육방법론 관점에서 살펴보면, 학생들에게 디지털 인문학에 적용되는 디지털 기술의 활용 능력 향상과 함께 인문학 분야의 지식에 대한 관심과 이해를 촉진시킬 수 있어서 효과적인 교육 방법이라고 볼 수 있다.

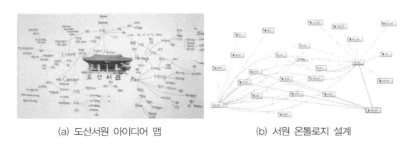

　　(a) 도산서원 아이디어 맵　　　　　　(b) 서원 온톨로지 설계

[그림 I-6] 선비문화 콘텐츠 강좌 결과물 사례

24) 김현. 2016. "디지털인문학과 고문헌 자료 연구". 『열상고전연구』. 50권. 열상고전연구회. pp.13-38.
25) 김현. 2015. "디지털인문학과 선비문화 콘텐츠". 『유학연구』. 제33집. 충남대학교 유학연구소. pp.1-28.

PART
02

디지털 인문학의 연구 사례

이 책의 필자들은 서로 다른 학문적 배경을 기반으로 인문한국지원사업(해외지역연구분야)에 참여하면서 학제 간 연구를 수행하기 시작하였다. 처음에는 인문한국지원사업의 연구 아젠다인 '지중해지역의 문명 간 교류 유형 연구'라는 범주 내에서 인문·지역학에 정보통신기술을 접목할 수 있는 연구 주제를 모색하던 중에 전자문화지도를 접하게 되었다. 그리고 몇 년 동안에 전자문화지도를 중점적으로 연구를 수행하였으며, 세부적으로 해외지역연구를 위한 전자문화지도, 구글어스 기반의 전자문화지도, 연구자 중심의 지중해전자문화지도 등 다양한 전자문화지도를 설계 및 구현하였다. 이러한 전자문화지도 연구를 통하여 인문·지역학에 정보통신기술이 적용될 수 있는 구체적인 사례를 직접 체험할 수 있었으며, 이를 통하여 학제 간 연구나 융합 연구의 필요성이나 활용성을 확인할 수 있었다.

이러한 전자문화지도 연구의 외연을 넓히기 위하여 다른 분야로의 활용 방안에 대한 연구를 탐구하기 시작했다. 그러던 중에 주제별 중첩 기능을 활용한 전자문화지도 시스템 연구를 진행하게 되었으며, 세부적으로 이스라엘·팔레스타인 분쟁사를 대상으로 주제별 레이어들을 정의한 후에, 주제별 레이어 중첩 기능을 이용하여 팔레스타인 무장단체의 공격 지점, 이스라엘-팔레스타인의 자원 활용 등에 대한 분석이 가능함을 보였다. 또 다른 연구로 사진 콘텐츠 활용 방안이 있으며, 전자문화지도의 특징 중의 하나인 전시 및 공유 효과를 기반으로 하여 사진정보 활용을 위한 방안을 제시하였다. 이 연구는 설계 단계까지 진행이 되었으며, 세부적으로 사진 콘텐츠를 효과적으로 활용하기 위하여 사진의 메타데이타를 기반으로 한 데이터베이스 설계와 활용성 및 편의성을 높일 수 있는 인터페이스를 설계하였다.

이후 본 저자들이 전자문화지도를 벗어난 더 폭 넓은 관점에서의 인문·지역학과 정보통신기술 분야 융합의 필요성을 인지하던 중에 디지털 인문학의 개념을 파악하게 되었다. 그리고 디지털 인문학으로 외연을 넓혀 가면서 지속적으로 연구를 진행하였으며, 먼저 이론 관점에서 디지털 인문학 시스템의 개발 방법과 정보시각화 활용 방안에 관한 연구를 수행하였다. 디지털 인문학 시스템의 개발 방법 연구에서는 디지털 인문학의 특성에 기반하여 인문연구자와 ICT 전문가, 그리고 정보시스템 개발자 간의 협업을 극대화할 수 있는 디지털 인문학 시스템의 개발 방법에 대하여 살펴보았으며, 정보시각화 활용 방안 연구에서는 디지털 인문학 기반의 정보시각화 유형 및 사례를 분석한 후에 인문·지역연구에서의 정보시각화 활용 방안을 다루었다. 시스템 관점에서의 디지털 인문학 연구로는 사진 공유 웹사이트를 활용하여 아랍의 봄 등과 같은 특정 사건이 지중해지역의 관광에 어떻게 영향을 미치는가를 분석한 관광 영향 분석 연구와, 국내의 지중해지역 연구를 대상으로 하여 동시 출현 키워드 기반의 네트워크 그래프 시각화를 통한 지역연구 동향 분석 연구가 있다. 그리고 인문학에서 빅데이터가 연계 가능한지를 보이기 위하여 구글의 엔그램 뷰어를 중심으로 한 활용 사례 연구를 수행하였다.

2부에서는 본 저자들이 이제까지 수행한 전자문화지도를 포함한 디지털 인문학 관련 연구들을 중심으로 살펴보며, 세부적으로 연구 수행과 관련한 내용들을 중심으로 설명하고자 한다.

1장 인문 · 지역연구에서의 정보시각화 활용 방안*

> 학제 간 융합은 학문의 발전을 위해 서로의 경계를 넘어 상이한 학문들 간의 협업 연구를 통해 새롭고 의미 있는 지식을 창출할 수 있다. 최근에는 특히 인문학과 ICT가 융합된 형태인 디지털 인문학이 주목받고 있다. 연구방법론 관점에서의 디지털 인문학은 인문지식, 인문정보 등을 정보시스템을 활용하여 저장, 검색, 공유, 확산하고 연구를 위한 도구로 사용 가능하며, 정보시스템 측면에서의 디지털 인문학은 다양한 시스템 형태로 구축 및 활용되고 있다. 그 중에서 다양한 정보나 지식을 일반적인 텍스트가 아닌 이미지나 멀티미디어, 기타 인터페이스를 활용해 시각화하여 나타내는 정보시각화와 연계된 디지털 인문학 시스템에 관한 연구가 활발하다. 본 장에서는 디지털 인문학 기반의 정보시각화 유형 및 사례를 분석한 후에, 인문 · 지역연구에서의 정보시각화 활용 방안에 대하여 설명한다.

1. 머리말

학제 간 융합 연구는 학문 간의 상호발전을 위해 서로 경계를 넘나드는 협업 연구를 통해 새로운 연구 방향이나 방법, 정보나 지식을 도출해 내고자 하는 시도이다. 이에 따라 최근에는 인문학 · 지역학과

---

* 이 글은 『예술인문사회융합멀티미디어논문지』 제5권 제5호 2015에 실린 논문 ("인문 · 지역연구에서의 정보시각화 활용 방안 연구")을 일부 수정 보완한 것임.

과학기술의 융합을 통한 다양한 시도가 이루어지고 있으며, 인문학과 정보통신기술이 융합된 형태인 ICT 융합 연구가 활발하다. 그 중에서 디지털 인문학은 인문학이나 지역학 등의 연구를 위한 방법 또는 기존 연구에 대한 대안으로 주목받고 있으며, 인문콘텐츠 또는 인문학적 지식과 정보통신기술이 융합된 형태의 학문 연구를 위한 방법론을 의미한다.[1] 디지털 인문학 시스템의 사례를 살펴보면 인문정보나 지식을 텍스트 기반이 아닌 다양한 도구나 인터페이스를 활용해 시각화하는 형태를 찾아볼 수 있다. 이것은 시각화를 통한 직관적인 정보의 이해를 위한 것인데, 이를 통해 사용자는 다양한 정보를 빠른 시간 내에 습득하고 이해할 수 있으며 이를 학문 연구에 활용하기도 한다.

최근에는 데이터의 증가로 그것의 활용을 위한 시각화의 문제와 더불어 인포그래픽(infographics)이란 용어로 다양한 유형의 정보시각화가 주목을 받고 있다.[2] 이와 관련하여 지식시각화 모형제시를 통한 지식의 디자인체계 연구에서는 정보와 지식에 대한 개념 정립과 함께 지식을 효율적으로 시각화하기 위한 지식의 디자인체계에 대해 연구하고, 이를 통해 지식시각화 모형을 제시하였다.[3] 본 장에서는 디지털 인문학 시스템에 적용된 정보시각화 유형 및 사례를 분석한 후에, 이를 인문·지역학 연구에 활용할 수 있는 방안에 대해 알아본다. 세부적으로 인문·지역학 연구 방법을 중심으로 연구 유형이나

---

1) 김바로. 2014. "해외 디지털 인문학 동향". 『인문콘텐츠』. 제33호. 인문콘텐츠학회. pp.229-254.

2) Michael Friendly. 1995. "*Milestones in the history of thematic cartography, statistical graphics and data visualization*". International Conference on Database and Expert Systems Applications. pp.59-66.

3) 오병근. 2013. "지식시각화 모형제시를 통한 지식의 디자인체계 연구". 『디자인융복합연구』. 제38호. 디자인융복합학회. pp.229-254.

주제별로 효율적으로 적용 가능한 정보시각화 시스템의 유형을 알아 본다.

2. 정보시각화

1) 정보시각화 개념

데이터 시각화와 연관된 개념으로는 정보시각화(information visualization), 과학적 시각화(scientific visualization), 시각 디자인(visual design), 정보 그래픽(information graphics) 등이 있다.[4] 정보시각화는 대규모 비수량(比數量) 정보를 시각적으로 표현하는 것이며, 과학적 시각화는 주로 건축학, 기상학, 의학, 생물학 분야에서 시간의 흐름에 따른 변화를 입체적으로 표현하는 것이다. 정보 그래픽은 인포그래픽이라고도 불리는데 정보와 데이터, 지식을 시각적으로 표현하는 것으로, 정보시각화와 밀접한 연관성을 가지고 있다.

정보시각화는 데이터나 정보를 일반 텍스트 외에 도표, 지도, 이미지, 멀티미디어 등을 활용해 시각적인 형태로 표현할 수 있으며, 이를 통하여 일반 텍스트에 비해 사용자 직관성이나 이해성을 높일 수 있다. 직관적인 이해는 노력으로 원하는 정보를 얻을 수 있다는 의미이며, 이는 목적 달성의 효율성을 높이는 방법이기도 하다. 즉, 연구자는 학문 연구를 위한 방법으로 시각화된 시스템의 활용을 통해 연구를 효율적으로 수행할 수 있다.

---

4) Michael Friendly. 1995. "*Milestones in the history of thematic cartography, statistical graphics, and data visualization*". International Conference on Database and Expert Systems Applications. pp.59-66.

정보시각화에서는 다양한 데이터나 정보들을 차트, 그래프, 지도 등을 기반으로 시각화를 시키는데, 이때 정확한 데이터 수치 값의 비교가 아닌, 데이터와 데이터 사이의 연관성을 보여주기 위하여 관계(relation)를 표현한다.[5] 즉, 소프트웨어나 응용프로그램, 메타데이터 등을 활용하여 정보들 간의 관계 부여, 연관성 분석, 수치의 통계, 데이터의 분포 등의 가공된 형태로 표현한다.

2) 정보시각화 유형

기존의 인문학 관련 정보시스템들은 연구의 진행에 따라 수집 및 생산된 방대한 양의 정보를 효율적으로 아카이빙하는 것을 중심으로 진행되어 왔으나, 현재는 이런 아카이빙된 자료를 의미있는 정보로 가공하여 사용자에게 효과적으로 전달하는 것에 대한 연구가 필요하다. 방대한 양의 정보를 웹 기반에서 페이지 이동을 최소화하여 사용자에게 효율적으로 전달하기 위해서는, 일반적인 텍스트의 활용보다는 보다 직관적으로의 정보전달이 가능하도록 다양한 형태로 정보를 시각화해서 나타낼 수 있는 시스템이 필요하다. 이에 따라 최근에는 일반적인 정보보다 고차원적인 정보 즉, 일반적인 정보들을 서로 연계시키거나 데이터간의 분석을 통해 발생되는 새롭고 의미있는 정보를 제공하기 위한 지식 기반 시스템에 관한 연구가 주목받고 있다.

정보시각화는 직관적인 정보의 전달과 더불어 사용자의 이해성 향상 및 흥미 유발에 대한 기능을 내포하고 있다. 정보시각화는 특정 목적으로 초기 데이터를 탐구하고 재배열하여 사용자에 맞게 의미를

---

5) 김성곤. 2014. "정보시각화 디자인의 오류와 진실성".『디지털디자인학연구』. 제15권, 제1호. 한국디지털디자인협의회. pp.65-76.

부여하여 그것에 접근하거나 사용하는 것을 돕는 것이고, 그 내용에 따라 단순화하여 즉각적으로 이해 할 수 있게 한다.[6] 인문·지역 연구에서 정보시각화 시스템을 어떻게 활용할 것인가에 대한 연구가 꾸준히 진행되고 있다. 다음 표는 디지털 인문학 시스템에서의 대표적인 정보시각화 유형과 관련 실현 방안, 주요 기술 및 활용 사례를 정리한 것이다.

[표 1-1] 디지털 인문학 시스템에서의 정보시각화 유형

유형	실현 방안	주요 기술	활용 사례
이미지	그래픽 이미지	디지털 카메라, 포토샵, 일러스트레이터 등	객체의 시각적 이해
지도	전자문화지도	GIS, 전자문화지도 등	지역 정보(문화)의 지리적/시각적 이해
연결망	선, 노드, 트리, 망	네트워크 온톨로지 (Protege, OWL 등)	객체(주제)간 관계/연관성 분석
멀티미디어	영상, 애니메이션, 3D, VR 파노라마, 가상/증강현실	3D제작 소프트웨어(3D Max 등), 디지털 카메라, VR 편집기 등	객체의 시각적 직간접 체험 (건축물, 유적, 유물 등)
다이어그램	그래프(차트), 도식화	데이터분석(Excel, MATLAB 등), 다이어그램/차트 제작 S/W 등	분석, 통계 등 수치 정보의 시각적 이해, 순서, 절차 등의 시각적 이해

■ 이미지(image)

이미지는 특정 정보의 시각적 이해를 위한 가장 기본적이면서 대표적인 시각화 유형이다. 이미지 자체는 특별한 프로그래밍 기술을 요구하지는 않지만, 가공을 위해 포토샵이나 일러스트레이터와 같은 그래픽 전문 소프트웨어를 활용한다. 또한, 현미경 등과 같은 고성능

---

6) 오병근. 2013. "지식시각화 모형제시를 통한 지식의 디자인체계 연구". 『디자인융복합연구』. 제 38호. 디자인융복합학회. pp.229-254.

카메라를 활용하여 사람의 눈으로 확인할 수 없는 객체를 시각화하여 활용한다. 이와 관련하여 세포 분자모형 뇌파 및 뇌기능 등 눈으로 보이지 않는 현상을 컴퓨터 기술을 통해 가시화하는 과학적 시각화 분야가 발전하였으며, 과학적 시각화는 다양한 분야에서 시각화의 개념, 유용성, 활용 방안 등에 관한 관심을 불러 일으켰다.7) 다음 그림은 정보시각화를 위한 이미지 활용 사례이다.

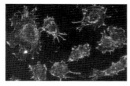  

(a) 현미경으로 촬영한 박테리아   (b) 고대 파피루스   (c) 로마시대 건축물 내부 양식

[그림 1-1] 정보시각화를 위한 이미지 활용 사례

■ 지도(map/atlas)

지도는 디지털 인문학에서 정보시각화의 대표적인 활용 사례로 지리, 지역에 대한 다양하고 복합적인 정보를 공간데이터(좌표 값)를 활용해 시각적으로 나타내므로, 사용자는 해당 지역을 직관적으로 이해할 수 있다. 지도를 인터페이스로 활용한 대표적인 시스템으로 전자문화지도가 있으며 전자문화지도는 주제, 시간, 공간이라는 세 개의 축을 활용해 세 가지 값이 연계된 정보를 전자지도 위에 점, 선, 면, 기호, 이미지, 멀티미디어 등을 활용해 표현한다. 즉, 사용자는 특정 주제에 관한 정보를 지역 정보, 시간 정보와 연계하여 해당 주제를

---

7) 박종준, 윤현위, 권혜정, 정원욱, 박종화. 2012. "도시 이미지의 지리적 시각화 -서울시 대표 이미지 요소 평가를 중심으로-". 『서울도시연구』. 제13권, 제1호. 서울연구원. pp.167-180.

통합적으로 이해할 수 있다. 정보시각화를 위한 전자문화지도 활용
사례는 다음 그림과 같다.8)

  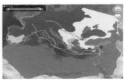

(a) Mediterranean Books   (b) 인류학논문 전자문화지도9)   (c) 십자군 전자문화지도

[그림 1-2] 정보시각화를 위한 전자문화지도 활용 사례

■ 연결망(network)
디지털 인문학 시스템에서 객체 간의 관계를 시각화하여 표현하는
방안으로 연결망을 주로 활용한다. 연결망은 기본적으로 노드(node)
를 이용하여 객체 간의 연관성을 효과적으로 표현하기 위해 활용되
고 있다. 세부적으로 인문 지식이나 정보를 노드를 통해 서로 연계하
여 맥락화하고, 특정 인물과 다양한 문화양상에 대한 관계망을 형성
하여 이를 시각화한다. 또한, 서로 관련이 있는 객체들을 선을 활용하
여 연결하는데, 디지털 인문학 시스템에서는 인물 간의 관계나 족보,
사건의 인과 관계, 객체의 전파나 이동과 같은 경로 정보를 나타낼
때 주로 사용된다. 정보시각화를 위한 연결망의 활용 사례는 다음 그
림과 같다.

---

8) 강지훈, 문상호. 2015. "디지털 인문학 기반 인문·지역연구를 위한 전자문화지도 활용 방안".
  『예술인문사회융합멀티미디어논문지』. 제5권, 제2호. 인문사회과학기술융합학회. pp.305-313.
9) http://anthromap.lib.berkeley.edu/index.htm

(a) 한국사콘텐츠 네트워크   (b) 조선시대 서원(書院)의 인   (c) 「사상」의 구조화[12]
    뷰와 지식 MAP 웹서비스[10]   물 관계망 서비스 개념도[11]

[그림 1-3] 정보시각화를 위한 연결망 활용 사례

그림 1-3(a)는 국사편찬위원회에서 한국사 유관 기관들이 보유하고 있는 데이터를 융합하여 한국사에 대한 다양한 서비스나 어플리케이션 개발에 활용할 수 있도록 개발한 프로젝트에서 제공하는 콘텐츠의 관계망 시각화를 보여준다. 그림 1-3(b)는 조선시대 서원(書院)의 인물 관계망을 시각화한 것으로, 조선시대 대표적인 서원들 중 10곳 이내를 중심으로, 그와 관련이 있는 인물, 사건, 문헌, 문화유산, 개념 등을 추출하여 그 의미 및 관계성을 정의한 후에 시각적 관계망으로 표현한 것이다. 그림 1-3(c)는 일본을 대표하는 사상 철학 저널인 이와나미 서점의 사상(思想)을 대상으로 연구한 프로젝트의 결과물로, 1단계로 종이 문서로 되어 있는 사상(思想)을 광학식문자판독기(Optical Character Reader, OCR) 기술을 이용하여 디지털하고, 2단계로 디지털화된 사상(思想) 텍스트에 대하여 자체 제작한 온톨로지 시스템인 MIMA 서치를 활용하여 말뭉치(코퍼스) 분석을 하여 그 결과를 시각화한 것이다.

---

10) http://contents.koreanhistory.or.kr/

11) 한국학중앙연구원 인문정보학 교실. 2016. 『2016 디지털 인문학 교육 워크샵 자료집』. 한국학중앙연구원.

12) http://www.cks.u-tokyo.ac.jp/p1.html

노드를 활용한 정보 간 연관 관계 정의를 통해 객체들 간의 새로운 연관관계 및 지식을 도출할 수 있다. 객체간의 연관 관계를 형식적이고 구조적으로 정의하기 위한 기술로 온톨로지(ontology) 개념을 주로 활용한다. 온톨로지 모델링 도구로는 스탠포드대학교에서 제공하는 Protege13) 소프트웨어가 대표적이며 주요 온톨로지 언어는 OWL(Web Ontology Language), DSML+OIL 등이 있다. Protege을 이용하여 온톨로지 설계를 하기 위해서는 먼저 범주(class), 개체(individuals), 관계(relation)를 정의하고, 그 구조를 그래프로 표현한다.

■ 멀티미디어(multimedia)

디지털 인문학 시스템에서 멀티미디어는 주로 유적, 유물, 건축물 등과 같이 실제 존재하는 객체의 재현을 위해 주로 활용되고 있다. 예를 들어, 과거에는 존재했으나 현재는 사라진 유물이나 유적 또는 접근성이 떨어지는 객체를 대상으로 영상, 가상현실, 3D(3-Dimension), VR(virtual reality) 파노라마 등의 기술을 활용해 간접적 경험을 제공함으로써 객체에 대한 이해를 도울 수 있다. VR 파노라마는 기본적으로 디지털 카메라로 촬영된 이미지를 가공한다는 측면에서 보면 멀티미디어보다 이미지에 가깝다. 그러나 VR 파노라마 제작을 위해 관련 장비를 통한 VR 파노라마 제작용 전문촬영기술이 요구되며, 해당 이미지를 VR 파노라마로 제작을 위한 편집 및 가공을 통해 영상 및 인터렉티브한 사용이 가능하다는 점에서 보면 멀티미디어로 활용 또한 가능하다. 정보시각화를 위한 멀티미디어의 활용 사례는 다음 그림과 같다.

---

13) http://protege.stanford.edu

(a) 경천사지 10층 석탑 3D 축조 시뮬레이션14) (b) 미얀마의 고도 버강 유 적 VR 파노라마15) (c) Nan Hpaya, the Buddhist Temple VR 파노라마16)

[그림 1-4] 정보시각화를 위한 멀티미디어 활용 사례

■ 다이어그램(diagram)

다이어그램은 절차, 순서, 방법 등의 정보를 도식화하여 나타내며, 특정 공정에 대한 흐름도, 순서도 등을 효율적으로 표현할 수 있다. 이러한 다이어그램은 정보의 시각적 전달을 위해 선, 도형, 텍스트 등을 결합하여 활용하며 다양한 데이터에 대한 분석, 통계 등의 수치적 가공을 통해 객체간의 비교, 분석에 대한 정보를 직관적으로 이해할 수 있는 대표적인 시각화 방안이다. 정보시각화를 위한 다이어그램의 활용 사례는 다음 그림과 같다.

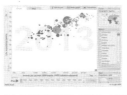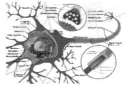

(a) Google Ngram Viewer17) (b) 그래프(국가별 1인당 수입)18) (c) 세포 다이어그램

[그림 1-5] 정보시각화를 위한 도표 활용 사례

14) http://portal.nricp.go.kr
15) http://www.iseas.kr/multimedia_products
16) http://www.iseas.kr/multimedia_products

3. 정보시각화 활용 방안

1) 인문·지역연구를 위한 정보시각화 활용 모형

인문·지역연구에서의 정보시각화 활용은 정보의 효율적인 활용과 체계적인 분류 등을 통해 정보를 보다 쉽고 빠르게 이해하는 것이 필요하다. 이러한 정보시각화는 데이터나 정보를 표현 하는 방법에 따라 타임라인형, 비교형, 통계형, 프로세스형, 위치형과 같은 유형으로 분류한다. 정보시각화 표현 방법에 따른 방안 및 예시는 다음 표와 같다.

[표 1-2] 정보시각화 표현 방법

표현 방법	세부 표현 방안 및 예시
타임라인형	· 시간에 따른 정보를 보여주는 정보시각화 유형 · 연도별로 숫자나 문자, 사진 등의 정보를 표현
비교형	· 서로 상반되는 데이터를 대조적으로 표현하는 정보시각화 유형 · 국가나 지역, 종교별로 정보를 비교하여 표현
통계형	· 숫자로 된 정보를 표나 그래프를 사용하여 표현하는 정보 시각화 유형 · 국가별 인구나 종교별 신자 수를 그래프로 표현
프로세스형	· 프로세스나 흐름을 이해하기 쉽게 나타내는 정보시각화 유형 · 유물 제작 과정을 프로세스별로 표현
위치형	· 정보를 지도 위에 표현하는 정보시각화 유형 · 국가나 지역별로 비교 결과를 지도 상에 표현

인문·지역연구를 위한 정보시각화 활용 모형 정의를 위해서는 연구유형별로 효율적으로 활용할 수 있는 정보시각화 방안을 살펴볼 필요가 있다. 이를 위하여 먼저 기존의 연구 과제나 논문 분석을 통

---

17) http://books.google.com/ngrams

18) http://www.gapminder.org

하여 인문·지역 연구에서 정보시각화를 활용할 수 있는 유형을 분류한다. 이때, 정보시각화와 관련해서는 앞에서 기술한 정보시각화 표현 방법(표 1-2 참조)과 디지털 인문학 시스템에서의 정보시각화 유형(표 1-1 참조)을 기준으로 한다.

이 과정을 통하여 정의된 인문·지역연구에서의 정보시각화 활용 방안은 다음 표와 같으며, 세부적으로 각 연구 유형별로 활용할 수 있는 정보시각화 표현 방법 및 유형을 나타낸다. 여기서 각 연구 유형에 대해 정보시각화의 활용 방법이 반드시 종속된다는 것은 아니다. 다시 말해, 연구유형에 따라 다양한 형태의 정보시각화 활용이 가능하다는 것을 의미하며, 표 1-3의 활용 모형은 각 연구 유형에 따른 비교적 효율적인 정보시각화 시스템의 활용 방안을 나타낸다.

[표 1-3] 인문·지역연구를 위한 정보시각화 활용 모형

연구 유형	정보시각화 활용 방안		세부 활용 방안
	표현 방법	유형	
특정 주제/객체 연구	프로세스형	이미지	· 특정 주제/관련 객체를 이미지로 제공
지역/권역 기반 연구	위치형 타임라인형	전자문화지도 멀티미디어	· 지역/권역 관련 정보를 시간정보와 연계하여 전자문화지도 상에 표현 · 지역/권역과 관련된 다양한 멀티미디어 콘텐츠와 연계하여 정보 제공
비교 및 연관성 분석 연구	비교형	연결망	· 인물, 사건 등의 무형 객체, 물품/유적/유물/시설 등의 유형 객체 간 관계 및 연관성을 태그, 노드를 활용하여 네트워크 형태로 제공
직/간접 체험을 통한 경험기반 연구	프로세스형	멀티미디어	· 3D, 애니메이션, VR 파노라마, 가상/증강현실 등의 기술을 통한 관련 객체의 직/간접적 체험 제공 · 작업 공정 등의 프로세스를 도식화하여 제공
자료(수치화) 활용 기반 연구	통계형	다이어그램	· 관련 주제에 대해 분석, 통계, 마이닝 등의 가공을 통해 발생된 정보를 다이어그램(그래프, 차트)으로 제공

2) 인문·지역연구를 위한 정보시각화 활용 예시

일반적으로 특정 지역에 사는 사람들은 오랜 역사와 문화로 인해 유사성과 다양성을 가지고 있으며, 이러한 유사성과 다양성이 지역의 특성에도 직·간접적으로 영향을 준다. 인문·지역연구는 이러한 지역의 유사성 및 다양성을 기반으로 각 지역에서 발생하는 정치, 경제, 사회, 문화, 역사와 같은 각종 인문 현상을 연구한다. 세부적으로 이러한 각 지역의 인문 현상의 분포나 관계를 시공간적으로 분석 및 해석하는데 중점을 두며, 인문 현상의 특성에 따라 다양한 세부 연구 주제나 분야로 구분된다.

인문·지역연구를 위한 정보시각화 활용 예시를 위하여 본 절에서는 지중해지역을 대상으로 살펴본다. 지중해지역은 유럽, 북아프리카, 서아시아를 포함하고 있는 지리적 특성으로 인해 국가 및 지역 간에 다양한 형태의 문화·문명 교류가 발생한 지역이기 때문에 관련 학자들에게 인문·지역학적으로 다양한 형태로 연구 대상이 되고 있다. 또한, 오랜 기간 동안 지중해의 다양한 문명들이 서로 소통하고 교류하는 과정을 연구하는 지중해학이 활발하게 수행되고 있다.[19] 그리고 전 세계의 인문학자와 지역학자들이 많은 관심과 열정을 갖고 광대한 지역, 다양한 문명, 문화, 언어를 종합적으로 연구하고 있다.

지중해지역 연구를 중심으로 연구 유형별 인문·지역연구를 위한 정보시각화 활용 예시는 다음 표와 같다. 여기서 각 유형별 연구 주제는 지중해지역에 대한 기존 연구 또는 향후 연구들을 대상으로 하였으며, 활용 방안에서는 연구 과정에서 구체적으로 어떻게 정보시각화를 활용할 수 있는 지를 기술한다.

---

19) http://www.ims.or.kr

[표 1-4] 인문·지역연구를 위한 정보시각화 활용 예시

정보시각화		연구 주제 예시	세부 활용 방안
표현 방법	유형		
프로세스형	이미지	로마 미술의 종교적 의미 연구	미술작품 관련 이미지 분석
		중세시대 기독교 건축 양식 연구	건축 관련 이미지 분석
위치형 타임라인형	전자문화지도 멀티미디어	시대별 지중해지역 종교 분포도 분석을 통한 종교 전쟁 연구	시공간정보와 연계해서 동적으로 변화하는 종교 분포 관련 전자문화지도를 활용해 종교 분포도 분석 및 종교 전쟁과의 연계성 분석
		이민자 이동 및 경로 분석을 통한 시리아 내전 연구	시리아 내전으로 인해 발생되는 이민자들의 이동 경로를 전자문화지도를 활용하여 사건별/시기별/지역별 분석
비교형	연결망	이슬람 지도자(칼리파) 및 주요 인물 간 혈연, 지연 및 정치적 관계 분석을 통한 이슬람 확산 연구	이슬람 주요 인물 및 사건들의 연결망을 활용하여 주요 인물, 사건 기반의 연관성 분석을 통한 이슬람 확산 파악 가능
		알렉산드로스 대왕의 제국 정복 연구	알렉산드로스 대왕의 제국 정복 관련 연결망을 통한 인물 간 관계와 주요 전쟁(사건) 등의 연관성 분석
프로세스형	멀티미디어	고대 로마 건축물(파괴된) 구조 연구	고대 로마 건축물 복원 3D를 활용하여 건축물 재건 과정의 이해를 통한 건축물 구조 연구 가능
		블루모스크, 아야소피아 건축 양식 비교를 통한 기독교/이슬람 간 정복 연구	VR 파노라마를 통한 관련 건축물의 비교 분석을 통한 해당 건축물에 대한 심층 분석
통계형	다이어그램	지중해지역 문화, 문명 교류의 형태 분석을 통한 지중해 문명 교류의 유형화 도출 연구	전쟁, 화합, 전이, 정복 등의 교류 형태에 따른 지중해지역 관련 자료 및 정보의 통계 분석을 통한 유형화 도출의 기본 자료 활용

4. 맺음말

디지털 인문학 시스템에 적용되는 정보시각화는 인문학, 지역학 등과 같은 다양한 학문을 위한 연구 방법으로 활용이 가능하다. 본

장에서는 디지털 인문학 시스템의 정보시각화 활용 사례를 조사 및 분석하고, 이를 기반으로 인문·지역연구에 활용할 수 있는 모형과 사례를 정의하였다. 향후 인문·지역연구에서 정보시각화 활용 방안으로 본 장에서 제시된 정보시각화 모형의 활용은 효율적인 연구 수행에 많은 도움이 될 수 있다.

앞으로 본 장에서 제시된 사례를 기반으로 정보시각화 유형 간의 복합적 활용을 통하여 다양한 방안으로 응용하는 연구가 필요하다. 예를 들어, 전자문화지도와 연결망을 레이어 중첩과 같은 개념을 통해 동시에 활용하면 보다 다양한 형태로 정보를 표현할 수 있다. 즉, 현 단계의 시각화 수준에서 한 단계 진보된 형태의 정보시각화 시스템에 대한 연구가 필요하다.

2장 디지털 인문학 시스템의 개발 방법*

디지털 인문학 시스템은 정보통신기술을 활용하여 인문 정보나 인문 지식을 사용자에게 효율적으로 공유 및 확산하는데 활용되며, 인문학을 연구하는 연구자들에게는 새로운 연구 방법으로 주목받고 있다. 이러한 디지털 인문학 시스템은 기존의 정보시스템과 차별화된 성격을 가지므로, 시스템 구축 시 기존의 정보시스템 구축 방법론이 아닌 디지털 인문학 시스템에 특화된 개발 절차와 관련 인력을 구성할 필요가 있다. 대부분의 디지털 인문학 시스템은 기존의 정보시스템 구축 방법론을 적용하여 구축되기 때문에 사용성이나 효율성이 미흡한 문제점이 있다. 본 장에서는 디지털 인문학의 특성에 기반하여 인문연구자와 ICT 전문가, 그리고 정보시스템 개발자 간의 협업을 극대화할 수 있는 디지털 인문학 시스템의 개발 방법에 대하여 살펴본다.

1. 머리말

정보통신기술의 관점에서는 디지털 인문학을 하나의 이론이나 개념이 아닌 구체적인 정보시스템의 관점으로 바라볼 수 있으며, 디지털 인문학을 위한 다양한 기술적 방법론 차원으로 접근하여 연구가 가능하다. 기존의 디지털 인문학 관련 연구들을 살펴보면 대부분이

---

* 이 글은 『예술인문사회융합멀티미디어논문지』 제6권 제7호 2016에 실린 논문 ("디지털 인문학 시스템의 효율적 개발을 위한 방법에 관한 연구")을 일부 수정 보완한 것임.

인문전공자 혹은 인문연구자에 의해 수행되었으며, 디지털 인문학과 관련된 소프트웨어의 활용이나 교육 방법론, 디지털 인문학 개념 및 이론 등에 치중되어 있다.

국내외 디지털 인문학 연구의 대부분이 인문연구자에 의해 수행되어 온 것이 사실이다. 이는 디지털 인문학 시스템의 주된 사용자인 인문연구자의 필요에 의해 연구가 진행되는 경우가 많기 때문이다. 반면에 디지털 인문학 시스템의 설계나 구축은 주로 ICT 전문가나 정보시스템 개발자에 의해 수행된다. 이러한 상황적 여건을 디지털 인문학 시스템 구축에 고려해보면, 인문학과 정보통신기술 간의 학문적 이해가 부족한 상황에서 간극이 발생할 수 있다. 또한, 서로 간의 이해가 부족한 상태에서 인문연구자와 ICT 전문가나 정보시스템 개발자 간의 각자 요구사항에 따른 결과 도출에만 중점을 두거나 서로 간의 우위 다툼이 발생할 수도 있다. 최종적으로 이러한 쟁점들로 인하여 디지털 인문학 시스템 구축은 실패할 확률이 클 수밖에 없다. 따라서 성공적인 디지털 인문학 시스템 구축을 위해서는 인문연구자와 ICT 전문가나 정보시스템 개발자 간의 상호 이해를 통한 협업이 반드시 필요하다.

기존의 디지털 인문학 시스템의 대부분이 정보시스템 구축 방법론을 통해 구축되고 있으며, 이로 인하여 사용성이나 효율성이 미흡한 문제점이 발견된다. 이것은 디지털 인문학이라는 학제 간 융합의 특성을 반영하지 않았기 때문이다. 본 장에서는 디지털 인문학의 특성에 기반하여 인문연구자와 ICT 전문가나 정보시스템 개발자 간의 협업을 극대화 할 수 있는 디지털 인문학 시스템의 개발 방법에 대하여 살펴본다.

2. 정보시스템 개발 방법론

정보시스템 개발 방법론은 계획 수립에서 설계, 구현 및 운용에 이르기까지의 시스템 개발을 위한 구조적으로 체계화된 접근 방법이다. 필요로 하는 시스템의 규모가 확대되고 복잡하게 되어 짐에 따라, 여러 각도에서 새로운 과제가 생기고 있다. 기술상으로는 하드웨어와 소프트웨어 모두를 다양하게 선택하고 조합할 수 있지만, 잘못 선택하여 조합하면 계속 막대한 재투자가 필요하게 된다.[1] 이처럼 다양한 형태의 정보시스템에 대한 요구가 늘어나는 시점에 이를 효과적으로 수행하고 관리하기 위해서는 정보시스템의 성격에 적합한 유연한 방법론의 활용을 통해 시스템을 구축하는 것이 무엇보다 중요하다.

정보시스템을 개발하기 위한 대표적인 정보시스템 개발방법론들은 다음 표와 같으며, 이 외에도 다양한 개발방법론들이 존재한다.

시스템 개발 수명주기방법은 대표적인 정보시스템 개발을 위한 구조적인 방법론으로 일반적인 정보시스템 개발에 가장 빈번하게 활용되고 있으며, 비교적 규모가 큰 전사적 정보시스템 등의 개발에 적합하다. 관리기법/1은 앤더슨 컨설팅사에 의해 개발되었으며 구조적으로 체계화되고 자동화된 개발방법론으로, 현재 다양한 국가에서 활용하고 있는 대표적인 시스템 개발 방법론이다. 프로토타이핑 방법은 사용자요구와 시스템 상황에 따라 설계와 개발 과정을 반복해서 수행하는 비교적 유연한 개발 기법으로, 사용자의 요구사항이 다소 불확실할 때 효과적으로 활용 가능하다. 아웃소싱(outsourcing)은 시스템 설계부터 유지보수, 운영, 관리까지 모든 과정을 외부업체에 위탁하는 방

---

1) 後藤 裕雅. 1991. 『시스템 開發 方法論에 關하여』. 한국전산원.

식으로, 시스템을 자율적으로 관리하는데 한계가 있으므로 위탁업체에 의존적인 경향이 있다. 사용자 개발 방법은 관련 시스템이 필요한 사용자가 자의적으로 해당 시스템을 구축하는 방식이다. 마지막으로 솔루션/패키지 활용방법은 개발되어 있는 솔루션 또는 소프트웨어 등을 구입하거나 활용하여 목적에 맞게 기능 및 인터페이스 등을 수정하여 활용하는 방법이다.

[표 2-1] 정보시스템 개발방법론 유형

유형	내용 및 특징
시스템 개발 수명주기방법 (SDLC : System Development Life Cycle)	요구사항 분석 → 시스템 설계 → 시스템 개발 → 테스트 → 시스템 운영/유지/보수 · 정보시스템 개발을 위한 가장 일반적인 개발 방법. · 정형화된 절차를 통해 개발 추진 · 구조적 방법론 · 규모가 큰 전사적 시스템 등의 개발에 적합
관리기법/1 (Method/1)	정보계획수립 → 설계 → 설치 → 시스템 운용관리 · 시스템 개발에 대해 조직적이고 구조적인 접근방법 제공 · 설계 및 설치 단계에서 세 가지 방법 제공(개발시스템, 패키지시스템, 반복개발)
프로토 타이핑 방법 (Prototyping)	기초 요구사항 분석 → 프로토타입 개발 → 구현 및 활용 → 수정/개선/강화 (반복) · 사용 가능한 미 완성형 모델 개발 후 반복적인 수정/개선/기능강화 · 반복적인 사용자요구를 시스템 수정 시 적용 · 신속개발, 사용자 만족도 향상 · 시스템 활용 교육 효과 증대
아웃소싱 방법	· 외부업체에 개발 및 관리 위탁
사용자 개발 방법	· 최종사용자가 직접 구축
솔루션/패키지 활용 방법	· 개발된 솔루션이나 패키지를 구입/활용하여 업체 특성에 맞게 커스터마이징 (customizing)

디지털 인문학 시스템을 효율적으로 구축 및 활용하기에 적합한 유형은 사용자 개발 방법이다. 즉, 최종사용자인 인문·지역 등의 학술연구자가 직접 자신이 보유한 정보와 지식을 의미 있는 정보로 디지털화하는 방법일 것이다. 예를 들어 인문학자가 직접 온톨로지 소프트웨어를 활용하여 관련있는 인문 지식이나 인문 정보를 연계시키고 시각화하여 나타내는 등의 활동이 이에 속한다. 그러나 현재 이와 같은 형태의 개발방법은 실제로 적용이 어려운 상황이다. 왜냐하면 인문·지역 학술연구자는 일반적으로 전문성을 가진 소프트웨어의 활용이 매우 까다롭기 때문이다. 따라서 디지털 인문학 시스템의 구축을 위해서는 인문·지역 학술연구자와 ICT 전문가나 정보시스템 개발자 간의 유기적 협업이 가장 효율적일 것이다.

3. 디지털 인문학 시스템 개발 방법

1) 구축 방안

디지털 인문학이 국내외로 주목받고는 있으나 지금까지의 디지털 인문학 관련 연구는 개념과 이론, 교육 및 활용 방안 등의 주제에 국한되어 있는 것이 사실이다. 특히, 디지털 인문학 시스템과 관련해서 ICT 전문가·정보시스템 개발자의 관점 또는 ICT 전문가·정보시스템 개발자와 인문학자의 협업 방법의 관점, 시스템 구축의 관점에서의 연구가 다소 미흡한 것이 현실이다. 이와 같은 현상이 발생하는 이유는 "디지털 인문학 시스템을 필요로 하는 대상이 누구인가?"라는 질문과 연관되어 있다고 볼 수 있다. 즉, 디지털 인문학 시스템을 필요로 하는 대상은 인문연구자나 인문교육자인 반면에, 이들이 필요로 하는 시스템을 구축하는 주체는 대부분이 ICT 전문가이거나 정보시스템 개발자이기 때문이다.

디지털 인문학의 관점에서 연구에 효율적으로 활용할 수 있는 관련 시스템들을 구현하기 위해서는 디지털 인문학에 대한 이해와 더불어 시스템의 구축 절차와 방법에 대한 이해가 필요하다. 왜냐하면 디지털 인문학은 기본적으로 인문학과 정보기술의 융합 학문의 성격을 띠고 있기 때문이며,[2] 따라서 관련 있는 해당분야 전문가들 간의 협업이 매우 중요하다.

최근 요구되는 디지털 인문학 시스템 구축 방안에서는 시스템을 구축하는 시작단계부터 해당 분야인 인문·지역 전문가와 ICT 전문가의 협업을 통하여 대상이 되는 시스템의 설계 및 구현이 요구된다. 설계나 구축과 같은 정보시스템의 관점이 아니더라도 디지털 인문학에는 인문학자 간 또는 인문학자와 정보기술자 간의 협업이 필수적이다.

다음 표는 디지털 인문학 시스템 구축 시 필요한 연구 및 개발 인력과 업무 내용을 보여준다. 여기서 구축 절차 및 방법은 기존의 정보시스템 개발 방법론을 토대로 응용하였으며, 절차나 방법에 대한 변화보다는 인력 구성과 구성원의 절차별 업무 내용에 중점을 두었다.

---

2) 강지훈, 문상호. 2015. "디지털 인문학 기반 인문·지역연구를 위한 전자문화지도 활용방안".
  『예술인문사회융합멀티미디어논문지』. 제5권, 제2호. 인문사회과학기술융합학회. pp.305-313.

[표 2-2] 연구 인력별 업무 분담

절차	인력구성	인력별 업무 내용
요구사항분석	디지털 인문학 전문가	최종사용자와 개발자 간 의견 조율, 디지털 인문학 시스템 여부 판단
	ICT 전문가	시스템 용도, 필요성, 효율성 판단
	정보시스템 개발자	구현 가능성 판단
	최종사용자 (인문·지역 연구자)	콘텐츠 및 기능 요구
시스템 설계 (합동응용시스템 설계 + 사용자 참여 설계)	디지털 인문학 전문가	콘텐츠 설계 및 기능, 화면, 설계 참여
	ICT 전문가	관련기술(온톨로지, 전자문화지도, 데이터마이닝 등) 제안 등
	정보시스템 개발자	기능, 화면, 데이터베이스 설계
	최종사용자 (인문·지역 연구자)	콘텐츠 설계, 기능 설계 참여
시스템 개발 (프로토타이핑)	ICT 전문가	시스템 구현 일부 참여
	정보시스템 개발자	시스템 구현
	디지털 인문학 전문가	시스템 구현 일부 참여
테스트 및 활용	디지털 인문학 전문가	기능 및 용도의 부합성 판단
	ICT 전문가	접근성, 이해성, 심미성 등 시스템 사용성 평가
	정보시스템 개발자	기능의 작동 여부, 웹 브라우저 및 운영체제 호환성 등
	최종사용자 (인문·지역 연구자)	콘텐츠 및 기능 확인
운영/유지/보수	디지털 인문학 전문가	시스템 분석 및 연구를 통한 미래지향적 연구
	ICT 전문가	효율적인 시스템 운영 노하우 제공
	정보시스템 개발자	기능 및 화면 수정 및 보수
	최종사용자 (인문·지역 연구자)	기능, 콘텐츠 등 요구사항 연구

표 2-2의 대부분의 구축 과정은 디지털 인문학 전문가, ICT 전문가, 정보시스템 개발자, 최종사용자와 같은 분야별 전문가와의 협업을 통해 진행된다. 이는 디지털 인문학의 특성을 잘 나타내는 것으로서, 예를 들어 대부분의 정보시스템 개발은 개발업체의 정보시스템 개발전문가들(프로그래머)에 의해 진행된다. 그러나 디지털 인문학 시스템

구축에서는 인문·지역연구자, 디지털 인문학 전문가, ICT 전문가가 포함되는 것을 확인할 수 있다. 여기서 디지털 인문학 전문가는 요구사항 분석 단계와 시스템 설계 단계에서 인문·지역연구자에 의해 설계된 인문 지식·정보를 실제 개발하는 과정에서 인문학자와 정보 전문가 간의 학문적 이질성을 좁히는 역할을 할 수 있다.

또한 ICT 전문가가 필요한 이유는 디지털 인문학 시스템에 활용되는 정보통신기술에 대한 전문성 때문이기도 하다. 가령 현재 구축하고자 하는 시스템이 온톨로지와 지리정보가 융합된 디지털 인문학 시스템이라고 가정한다면 일반 정보시스템이나 웹사이트와는 차별화된 정보통신기술에 대한 이해와 그에 적절한 소프트웨어의 활용이 필요하기 때문이다. 예를 들어 데이터나 정보들 간의 연관성 분석을 위한 온톨로지 기반의 시스템 구축 시에는 프로티지(Protege) 소프트웨어나 OWL 프로그래밍 언어가 효율적이며, 지리정보가 포함된 시스템은 전자문화지도와 관련된 정보통신기술의 활용이 효율적이다.[3]

2) 구축 절차

디지털 인문학 시스템의 구축을 위한 모형이나 절차는 기존의 정보시스템 개발방법론을 적절히 응용해서 활용하지만, 세부절차에서 다양한 분야의 전문가와의 협업이 필요하다. 디지털 인문학 시스템 구축 방법론에서 각 절차별로 필요한 인적구성 및 구성원의 역할을 제시하는 것이 핵심이다. 세부적으로 기존의 SDLC 방법과 프로토타이핑 방법을 응용해서 활용한다. 프로토타이핑은 SDLC를 증대시키는

---

3) 강지훈, 이동열, 문상호. 2015. "인문·지역연구에서의 정보시각화 활용 방안 연구". 『예술인문사회융합멀티미디어논문지』. 제5권, 제5호. 인문사회과학기술융합학회. pp.59-68.

데 사용될 수 있다.[4] 또한 프로토타이핑 방법은 관리기법/1의 설계 및 설치 단계에서의 세 가지 세부 방법 가운데 하나인 반복적 개발 단계와 일치한다.[5]

디지털 인문학 시스템은 요구사항 분석 단계에서 시스템의 활용 용도를 정확하고 구체적으로 정의하는 과정이 필요한데, 이 과정에서 시스템의 필요성에 대해 추상적인 개념만 가지고 설계에 착수하는 경우가 빈번히 발생한다. 특히, 디지털 인문학 시스템은 기본적으로 최종사용자가 학술 연구자인 경우가 대부분인데 실제로 최종사용자가 완성된 시스템을 활용하기 전까지 이 시스템이 실제 본인이 연구하는 주제에 도움이 되는 시스템인지 판단하기가 매우 어렵다. 다시 말해 디지털 인문학 시스템은 요구사항 분석 과정이 매우 중요하면서도 까다롭다는 의미인데 이를 간접적으로 해소할 수 있는 방법으로 프로토타이핑에 주목할 필요가 있다.

프로토타이핑은 사용자 참여와 수락을 높여주고 요구사항이 모호하거나 불확실할 때 효율적인 설계를 가능하게 한다.[6] 시스템 설계 단계에서는 합동응용시스템 설계(Joint Application Design, JAD) 방법과 사용자 참여 설계(User Participatory Design, UPD) 방법 등이 있으며 이 방법들을 병행해서 활용 할 필요가 있다. 합동 응용 시스템 설계 방법은 시스템의 최종사용자, 개발자, 관리 및 운영책임자 등의 관련 구성원들이 모여 체계적인 프로세스에 따라 회의가 진행된다. 또한 사용자 참여 설계 방법은 사용자들이 시스템을 받아들이는 것이 개발과

4) 김광현. 2008. "시스템 개발 및 설계 방법론에 관한 비교연구". 『한국지식정보기술학회논문지』. 제3권, 제4호. 한국지식정보기술학회. pp.83-91.

5) 한국전산원. 1991. 『관리기법/1 개요서』. 한국전산원.

6) 위의 책

정에 기여했던 사용자들의 신념에 의해 주로 결정되어 진다는 이유 때문에 사용자의 참여가 정보시스템 실용화의 성패를 좌우한다[7][8].

두 설계 방법론에서는 공통적으로 인력 구성의 중요성을 강조하고 있으며, 최종사용자가 반드시 참여하도록 하고 있다. 따라서 디지털 인문학 시스템에서는 최종사용자가 인문학 연구자이므로 이들의 참여가 반드시 필요하다. 다만 합동응용시스템 설계 방식은 엄격한 수행방식을 요구하지만, 디지털 인문학 시스템에서는 비교적 자율적인 방식으로 수행하는 것이 적절하다. 다음 그림은 디지털 인문학 시스템 개발 절차이다.

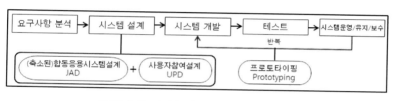

[그림 2-1] 디지털 인문학 시스템 개발 절차

다음 그림은 디지털 인문학 시스템 구축을 위한 전체적인 프로세스를 도식화하여 나타낸다. 전체적인 절차는 SDLC 방식을 기반으로 하였으며, 각 절차에 필요한 세부 기법은 JAD, UPD 등을 적절히 활용한다. 요구사항 분석 단계는 앞에서 언급한 바와 같이 디지털 인문학 시스템의 특성상 구체적인 사용자 요구사항과 이에 대한 분석이 까다로운 경우가 많다. 따라서 완벽한 요구사항 분석을 수행하기보다 설계 및 구현 과정에서 프로토타이핑 방법을 적절히 활용하는 것이 효과적이다.

---

7) 김광현. 2008. "시스템 개발 및 설계 방법론에 관한 비교연구". 『한국지식정보기술학회논문지』. 제3권, 제4호. 한국지식정보기술학회. pp.83-91.

8) Jeffrey A, Hoffer. 2005. *Essentials of Systems Analysis and Design.* SciTech.

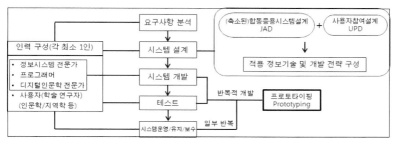

[그림 2-2] 디지털 인문학 시스템 구축 방안

시스템 설계 단계는 요구사항 분석 단계에서 도출 및 정의된 요구
사항들에 대하여 실제 구현을 위한 기본 설계나 상세 설계를 하는 과
정이다. 시스템 설계 과정에서는 ICT 전문가, 디지털 인문학 전문가,
정보시스템 개발자의 협업을 통해 개발전략을 구성하고 최종사용자
에 의해 필요한 기능, 주제, 콘텐츠 등이 비교적 구체적으로 정해진
다. 세부적으로, 시스템 구축을 요청한 기관에 정보전문가가 있다면
시스템 개발자와 함께 데이터베이스 설계나 기능 설계 등에 참여하
는 것이 효과적이다.

디지털 인문학 시스템 구축 방안은 다양한 형태의 디지털 인문학
시스템 가운데 규모가 비교적 작은 시스템을 대상으로 적용하는 것
이 바람직하며, 이는 프로토타이핑 방법의 유연한 특성 때문이다. 만
일 대규모의 디지털 인문학 시스템에는 개발 단계에서의 프로토타이
핑 방법이 적절하지 않을 수 있다.

3) 개발방법 적용 예시

'지중해전자문화지도(Mediterranean Electronic Cultural Atlas, MECA)'
시스템은 디지털 인문학 시스템 구축 방안을 적용하여 개발한 사례이

다. MECA는 지중해지역과 관련된 연구결과물을 주제, 시간, 공간값을 기본으로 이 값들을 연계하여 지도위에 시각화하여 나타내는 논문정보제공 시스템이다.9) MECA 개발을 위하여 서비스하고자 하는 기관의 ICT 전문가 및 디지털 인문학 전문가, 최종사용자에 의해 설계된 콘텐츠 및 메타데이터는 다음 그림과 같다. 이를 토대로 실제 시스템을 구현하는 개발 업체의 정보시스템 개발자는 실제 데이터베이스 구현에 활용하기 위한 논리 및 물리적 데이터베이스 설계를 진행한다. 설계를 위한 일련의 과정은 (축소된) 합동응용시스템 설계 및 사용자참여 설계 방식으로 진행되었으며, 데이터베이스 설계를 포함해 기능, 콘텐츠 설계 등은 해당시스템과 관련된 구성 인력 간 협업으로 진행되었다.

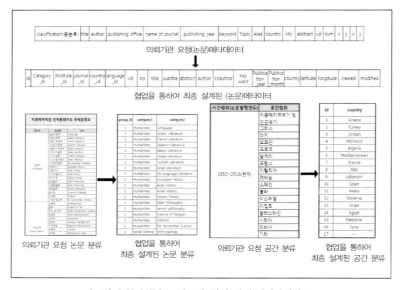

[그림 2-3] MECA 시스템 설계 사례(데이터베이스)

---

9) www.imsmeca.or.kr

MECA 시스템 개발과 테스트 단계에서는 프로토타이핑 방법을 적용하여 진행하였다. 개발 단계에서는 ICT 전문가와 정보시스템 개발자, 디지털 인문학 전문가의 협업을 통해 수행되었는데, 이때 시스템 개발은 전문 정보시스템 개발자에 의해 수행되며 정보시스템 개발자의 전문성 있는 의견을 반영하는 것이 효율적이다. 이후 테스트를 통해 요구사항이나 수정사항이 발생하면 다시 개발 단계를 거치고 이를 수차례 반복한다. 마지막으로 시스템 운영 단계에서는 마찬가지로 필요 시 이전 단계부터 다시 수행할 수 있다.

4. 맺음말

디지털 인문학 시스템은 기본적으로 융합 특성을 가지므로 기존의 정보시스템 구축 방법론을 적용할 경우에는 시스템의 사용성 및 이해성, 활용도가 떨어지는 문제가 발생할 수 있다. 이에 본 장에서는 디지털 인문학 시스템의 특성을 반영한 디지털 인문학 시스템 구축을 위한 절차 및 방안을 제시하였다. 향후 본 장에서 제시한 디지털 인문학 시스템 구축 방안이 실제로 다양한 디지털 인문학 시스템 구축에 활용되기를 기대한다. 또한 디지털 인문학 시스템의 다양한 유형에 특화된 정보통신기술의 활용과 같은 연구가 지속될 필요가 있다.

3장 전자문화지도*

최근 사회 전반에 걸쳐 인문·지역학과 정보처리학의 융합에 대한 관심과 요구가 높아짐에 따라 디지털 인문학이 많은 각광을 받고 있으며, 전자문화지도는 이러한 디지털 인문학의 대표적인 시스템 사례라고 볼 수 있다. 이러한 전자문화지도는 전자지도를 매개체로 하여 특정 지역의 다양한 문화 양상을 표현한 것으로, 문화(주제), 지역(공간), 시대(시간)의 세 가지 축을 연계하여 해당 지역의 시대별 문화에 대한 통합적인 이해를 제공할 수 있다. 본 장에서는 전자문화지도에 대한 개념 및 사례와 전자문화지도 구축 방법에 대하여 알아본다.

1. 머리말

디지털 시대가 되면서 인터넷은 국경을 넘나드는 정보 교류를 가능케 함으로 이문화 간 교류와 소통을 용이하게 해주는 환경을 제공해준다. 기존에는 키워드를 통한 단어검색이 정보접근의 주요한 방법이었다면 최근에는 사용자의 인식구조에 기반을 둔 새로운 정보검색 방법들이 등장하고 있다.[1] 피터 모빌은 "복잡한 네트워크 생태계에

---

* 이 글은 『한국정보통신학회논문지』 제18권 제9호 2014에 실린 논문 ("전자문화지도에 대한 비교 연구")을 일부 수정 보완한 것임.

새로운 기기들이 등장하면서 그에 맞는 인터페이스와 기반 구조가 변화하고 사용자의 경험이 다양화될 것"이라고 예측하고 있다.[2]

지도(map·atlas)는 다양한 정보를 공간상에 시각적으로 표현함으로써 특정 지역에 대한 정보를 쉽고 빠르게 전달할 수 있는 도구로 활용이 가능하다. 디지털 환경에서 지도는 보다 효과적으로 주제를 관찰하고, 표현할 수 있는 수단이 될 수 있다. 또한 지도는 최근에 각광받고 있는 디지털 콘텐츠(digital contents)의 대표적인 아이템으로 부각되고 있다. 세부적으로 지도와 관련된 내용들을 텍스트, 동영상 등과 같은 전자적 형태로 변환하여 디지털 콘텐츠를 만들게 되면, 사용자들이 쉽게 접근할 수 있고 이해하기가 용이해짐으로 활용성을 높일 수 있다.

지도 기반의 인문학 관련 시스템은 최근 이슈가 되는 디지털 인문학의 대표적인 유형으로, 국내외적으로 전자문화지도와 연계된 시스템에 관한 다양한 사례들이 있다. 이는 전자문화지도가 문화에 영향을 미치는 다양한 요인들을 시간이나 지역을 연계하여 표현할 수 있고, 또한 문화정보의 시각화를 통해 사용자의 이해성 및 활용성을 높일 수 있기 때문이다. 따라서 전자문화지도를 통해 특정 지역의 문화에 대한 체계적이고 통합적인 이해가 가능해진다.

2. 문화지도와 전자문화지도

저명한 문화과학 이론가인 에른스트 카시러는 그의 저서에서 "이

---

1) 김상철, 윤유석, 정선애, 윤나리, 권윤경. 2008. "문화지도 : 지도를 매체(media)로 한 문화의 이해와 표현". 『글로벌문화콘텐츠』. 제1호. 글로벌문화콘텐츠학회. pp.147~172.
2) 피터 모빌. 2007. 『검색 2.0 발견의 진화』. 유나 역. 한빛미디어.

제부터 인간과 인간의 일은 마치 선이나 평면이나 입체들처럼 관찰되고 기술된다."라고 언급하였는데,[3] 여기에 잘 부합하는 개념이 문화지도라고 볼 수 있다. 문화지도(cultural atlas)란 지도를 매개체로 하여 국가나 지역의 다양한 문화 양상을 표현한 것이다.[4] 세부적으로, 문화(주제), 지역(공간), 시대(시간) 라는 세 가지 축을 연계하여 해당 지역의 시대별 문화를 통합적으로 이해할 수 있는 개념으로, 인문·지역학 연구를 위한 도구나 연구 결과 확산 및 전시를 위한 수단으로 활용될 수 있다. 예를 들어, 다음 그림과 같이 문화적, 시간적, 공간적 요소를 결합하여 유기적으로 연계된 정보를 지도 상에 표현하는 것이 문화지도이다.

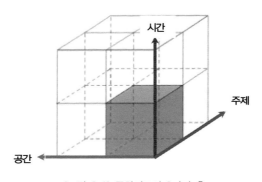

[그림 3-1] 문화지도의 3가지 축

전자문화지도는 이러한 문화지도를 전자적 형태 즉, 컴퓨터를 활용해 디지털화하여 구현한 시스템으로, 전자지도의 개념에 문화라는

---

3) 에른스트 카시러. 2007. 『문화과학의 논리』. 박완규 역. 길.
4) 김종혁. 2008. "디지털시대 인문학의 새 방법론으로서의 전자문화지도". 『국학연구』. 제12집. 한국국학진흥원. pp.263-290 .

요소를 첨부한 것으로 다양한 문화 정보를 시간과 공간과 연계하여 구성한다. 따라서 전자문화지도에서는 주제, 공간, 시간이라는 값들을 데이터베이스로 구축해야 한다.[5] 세부적으로 전자문화지도의 구축에서는 시간·공간·주제를 좌표축으로 하는 입체적 구성을 가지도록 설계되는 것이 반드시 필요하며, 데이터베이스화된 정보를 웹 등의 인터페이스를 통해 사용자에게 서비스해야 한다. 이 서비스를 통하여 사용자 입장에서 원하는 시대별, 지역별, 주제별 정보를 사용자가 스스로 조합해서 원하는 시대와 지역의 문화에 관한 정보 조회가 가능하다. 전자문화지도의 기본적인 개념은 다음 그림과 같다.

[그림 3-2] 전자문화지도의 개념

3. 전자문화지도 사례

전자문화지도와 관련하여 국내외적으로 많은 연구 수행과 시스템 개발이 진행되어 왔다. 이 중에서 ECAI(Electronic Cultural Atlas Initiative, 세계전자문화지도협의회)를 중심으로 수행된 연구 사례가 대표적이

---

5) 글로벌문화콘텐츠R&D센터. 2008. "아시아문화지도 제작 중장기 전략 수립 및 시범사업 최종 결과보고서". 한국외국어대학교.

다. ECAI는 표준화된 메타데이터 활용을 통해 ECAI 웹에 지도 데이터 및 문화 정보를 등록함으로써 사용자들이 자유롭게 공유할 수 있도록 설계된 플랫폼을 제공한다.[6] 전 세계의 대학과 연구소들이 글로벌 컨소시움 형태로 활동하며, 각 참여 기관의 연구 성과물을 전자문화지도 형태로 등록하여 사용자들이 자유롭게 이용할 수 있도록 한다. 다음 그림은 ECAI 홈페이지 및 수행 프로젝트 화면이다.

 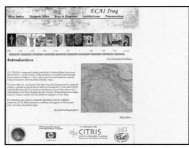

(a) ECAI 메인화면   (b) ECAI 프로젝트

[그림 3-3] ECAI 홈페이지와 프로젝트 화면

ECAI에서 진행된 프로젝트 중의 하나로 TimeMap Korea가 있다.[7] 이 전자문화지도는 서기 200년부터 1000년까지의 한반도 역사를 플래시 형태의 애니메이션으로 제작한 것으로, 시간의 변화에 따른 한반도의 영토 변화를 시각적으로 사용자에게 전달한다. 다음 그림은 TimeMap Korea의 수행 화면을 보여준다.

---

6) http://ecai.org

7) http://ecai.org/Area/AreaTeamExamples/Korea/tm_korea.html

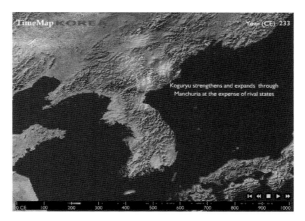

[그림 3-4] TimeMap Korea 수행 화면

국내에서도 전자문화지도와 관련하여 연구 및 개발이 진행되어 왔으며, 조선시대 전자문화지도, 한국향토문화전자대전, 아시아문화지도 등이 있다. 먼저 조선시대 전자문화지도는 고려대학교 민족문화연구원이 수행한 연구 과제로, 조선시대의 생활문화 연구 및 이를 위한 기초자료 구축의 목적으로 제작된 것이다.[8] 이 시스템은 조선시대의 민속 문화에 관한 정보를 시간·공간·주제의 입체 구조를 기반으로 설계하였으며, 세부적으로 민요, 굿, 지리지 등의 민속 문화와 관련된 주제, 한반도라는 공간, 조선시대의 시간값을 대상으로 관련 데이터들을 데이터베이스로 구축하여 사용자들에게 제공한다. 세부적으로 조선시대 문화를 주제별로 분류하여 데이터베이스를 구축하고 웹을 통하여 문화지도 정보를 서비스한다. 다음 그림은 조선시대 전자문화지도 시스템의 메인화면 및 서비스 화면을 보여준다.

---

8) http://www.atlaskorea.org/historymap/IdxRoot.do

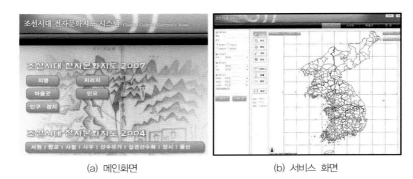

(a) 메인화면   (b) 서비스 화면

[그림 3-5] 조선시대 전자문화지도 시스템

한국향토문화전자대전은 전국의 향토문화 자료를 총체적으로 발굴·
분석하여 디지털화한 시스템이다. 이 시스템에서는 시·군·구별 디지
털향토문화대전을 통합·구축하여 향토문화에 대한 총체적인 정보를
제공함으로써, 지식기반 사회의 토대를 마련하고 지역의 균형 발전과
지역경제 활성화에 기여하고자 하는 목적으로 구축되었다.[9] 다음 그림
은 한국향토문화전자대전의 메인화면 및 서비스 화면을 보여준다.

(a) 메인화면   (b) 서비스 화면

[그림 3-6] 한국향토문화전자대전

---

9) http://www.grandculture.net

전자문화지도와 관련된 국내의 다른 연구 사례로는 아시아문화지도가 있다.10) 이 연구에서는 아시아문화지도의 개념 정립과 아시아문화지도 문화분류체계와 기반기술 등을 포함한 아시아문화지도제작 중장기 전략 계획 수립 및 시범 사업을 수행하였다. 세부적으로 지도제작 로드맵, 테마 발굴, 지도 제작 및 구현 방안을 제시하였고, 시범 사업으로 다음 그림과 같은 조선족 문화지도를 구축하였다.

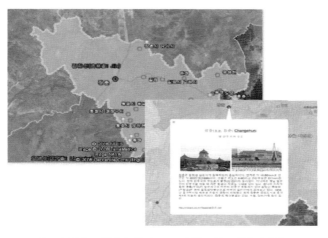

[그림 3-7] 조선족 문화지도 - 조선족 거주 지역(길림성)

해외에서도 전자문화지도와 관련하여 다양한 연구 및 구축 사례가 있다. 먼저 영국공영방송인 BBC에서 구축한 세계 종교·사상 전자문화지도 시스템이 있다. 이 시스템에서는 전 세계를 대상으로 기원전부터 2000년도까지 지역별 종교 분포 및 인구, 시기별 종교 관련 주요 사건을 주제로 전자문화지도 서비스를 제공하고 있으며, 세부적으로

10) 글로벌문화콘텐츠R&D센터. 2008. "아시아문화지도 제작 중장기 전략 수립 및 시범사업 최종 결과보고서". 한국외국어대학교.

(a) BBC 세계 종교 · 사상 전자문화지도[11]

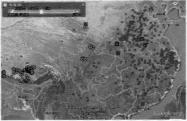

(b) 중국 · 히말라야 종교 지도[12]

(c) 인류학논문 전자문화지도[13]

(d) 미국 노예해방전쟁 전자문화지도[14]

[그림 3-8] 해외 전자문화지도 사례

플래시 형태로 지도 및 기능을 구현하였다. 그림 3-8(b)는 중국·히말라야 종교 지도로 ECAI에서 제공하는 전자문화지도 중의 하나이다. 구글어스를 기반으로 구축되었으며, 세부적으로 구글어스에서 제공하는 타임슬라이드를 통해 시기별로 중국과 히말라야지역의 종교 분포를 시각적으로 표시한다. 그림 3-8(c)는 버클리대학교에서 구현한 인류학논문 전자문화지도로, 지구의 전 지역을 대상으로 인류학과 관련된 논문 정보를 제공한다. 이 전자문화지도는 지역에 따른 논문 분

11) http://www.bbc.co.uk/religion/tools/civilisations/index.shtml

12) http://ecai.org/chinareligion/

13) http://anthromap.lib.berkeley.edu/index.htm

14) http://dsl.richmond.edu/emancipation

포 및 존재 유무를 저자, 년도, 제목, 지역별로 구분하여 검색이 가능하며, 검색된 정보는 지도 상에서 점을 이용하여 표출한다. 그리고 사용자가 지도에서 원하는 점을 선택하면 해당 논문에 대한 세부 정보를 보여준다. 그림 3-8(d)는 미국에서 노예해방전쟁 시각화 프로젝트(Visualizing Emancipation Project) 결과로 구현된 전자문화지도이다.

4. 전자문화지도 구축 방법

전자문화지도 구축에서 가장 기본 단계 중의 하나는 베이스맵 선정으로, 이는 전자문화지도의 구축에서 필수 사항이다. 전자문화지도는 지도의 확대 및 축소, 이동 등의 기본적인 기능이 필요하며, 공간데이터의 표현 방식에 따라 다음 표와 같이 래스터(raster) 방식과 벡터(vector) 방식의 지도로 분류된다.

[표 3-1] 베이스맵 유형별 비교

	래스터 방식	벡터 방식
개념	픽셀 하나하나에 색상을 표현하고 픽셀이 여러 개 모여 전체적인 그림으로 보여지는 디지털 이미지와 유사한 방식. 즉 스캐닝된 이미지나 위성사진 등을 셀 단위로 분할하여 각 셀에 필요한 정보를 기록하는 방식	공간요소를 점, 선, 면 객체로 정의하고 표현하고자 하는 공간 대상을 각 객체의 기하구조로 표현하는 방식. 각 객체는 크기와 방향성을 가지며 위치는 x, y 좌표 값의 연속으로 저장되는 방식으로 CAD와 유사한 형태의 구조를 가짐
구성/확장자	이미지 픽셀(pixel) / jpeg, gif, png 등	공간좌표(coordinate) / ai, swf, shp 등
특징	·제작과정이 비교적 간단하나 확대 시 이미지가 흐려짐 ·손쉽게 얻을 수 있으나 자료의 양이 방대하고 갱신이 어려움	·확대/축소가 자유로우며 관련 소프트웨어를 통한 제작 과정이 필요 ·초기 데이터 생성이 어려우나 유지관리 및 갱신이 쉬움

래스터 방식의 지도는 비트맵 등과 같은 일반적인 이미지 파일을 베이스맵으로 활용한다. 래스터 베이스맵을 제작하는 경우에는 과정이 비교적 간단하지만, 해상도에 따라 일정 비율 이상 확대 시 이미지가 흐려지는 에일리어싱(aliasing)[15] 현상이 나타난다. 반면에 벡터 방식의 지도는 확대 시 이미지 왜곡은 없으나, 전용 소프트웨어를 활용한 제작과 이에 따른 비용이 발생된다.

현재까지 국내외적으로 많은 전자문화지도 시스템들이 연구 및 구축되어 왔으며, 다양한 구축 방법이나 기술이 적용되었다. 그리고 기존의 국내외 전자문화지도 시스템들을 분석하면 크게 타임맵을 이용하여 제작한 전자문화지도, 구글맵스/어스를 이용하여 제작한 전자문화지도, 기관에서 자체 제작한 전자문화지도와 같은 3가지 유형이 있으며, 유형별에 따라 베이스맵, 인터페이스, 주요 기능 등에 차이가 있다. 본 절에서는 이러한 구축 유형들을 기반으로 전자문화지도 구축 방법에 대하여 살펴본다.

1) 타임맵을 이용한 전자문화지도 구축

타임맵(TimeMap)은 전자문화지도의 구성을 위해 표준화된 구성요소를 지원하는 전자문화지도 제작을 위한 공개 소프트웨어로, ECAI의 표준 플랫폼으로 사용되고 있다.[16] ECAI에서 제공한 메타데이터 형식의 데이터셋은 별도의 변환 없이 타임맵을 사용하여 지도로 표현이 가능하며, 타임맵은 브라우저와 메타데이터 편집기, 영역 변환기, 외

---

15) 이미지의 해상도에 따라 확대 시 곡선이나 원, 문자나 그림 등의 경계선이 매끄럽지 않고 네 모난 색벽돌처럼 들쑥날쑥한 계단 모양으로 나타나는 현상을 말한다.

16) http://www.ecai.org/Tech/Timemap.html

부 연결편집 기능을 제공하고 있다. 타임맵은 ECAI에서는 전자문화지도 구축의 표준 도구로 활용하였으나, 현재는 소프트웨어 개선이나 기술 지원이 중단된 상태이다.

전자문화지도 구축에서 주제, 시간, 공간 데이터를 수집 및 입력하는 과정은 필수적이다. 타임맵에서는 별다른 코딩이나 매핑 작업 없이 필수 속성(attribute)이 포함된 CSV와 DBF 파일을 활용해 데이터를 입력하고, 웹 어플리케이션 형식의 메타데이터(metadata) 입력 폼에 포워딩하는 방식으로 주제, 시간, 공간 정보가 연계되어 지도 상에 표출된다. 다음 그림은 타임맵에서의 데이터 입력을 위한 화면 예시를 보여준다.

[그림 3-9] 타임맵에서의 데이터 입력 화면

■ 베이스맵(base map)

타임맵은 전자문화지도 제작을 위한 지도이미지를 별도로 제공하지 않는다. 따라서 전자문화지도 제작 시 구축하고자 하는 특정 지역에 대한 베이스맵을 확보하는 것이 필요하다. 이러한 경우 보통 베이

스맵으로 래스터 이미지를 활용하는 것이 일반적이다. 래스터 이미지
는 비교적 확보가 쉬운 반면에, 일정크기 이상 확대 시 이미지가 흐
려지는 현상이 발생하는 단점이 있다. 이러한 점을 해결하기 위해 벡
터 기반의 지도 활용이 가능하며, 원하는 벡터 기반의 지도를 확보하
기 위해서 지도를 직접 제작 또는 구입하는 방안이 있다.

■ 인터페이스

타임맵은 다음 그림과 같이 표준화된 웹 인터페이스를 제공한다.
따라서 웹 애플리케이션에 대한 설계 및 구현이 용이하므로 비용 및
노력이 절감되는 장점이 있다. 또한, 전자문화지도 제작 시 개발자는
사용자에 맞게 부분적으로 인터페이스에 대한 커스터마이징(customizing)
이 가능하다. 타임맵 인터페이스의 주요 기능으로는 지도의 확대 및
축소, 지도 이동, 데이터 선택, 레이어 선택 및 레이어 투명도 조절, 지
도 썸네일 활용, 데이터 검색, 타임라인을 활용한 애니메이션 제작 등
이 있다.

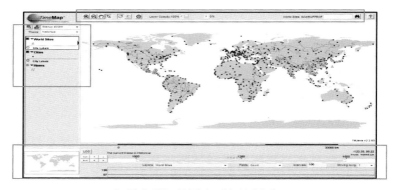

[그림 3-10] 타임맵의 기본 인터페이스

■ 주요 기능

타임맵은 기본적으로 레이어 기능을 제공하므로 여러 가지 주제를 각각의 레이어로 표현할 수 있다. 사용자는 다양한 주제의 레이어들을 서로 연관시킴으로써 원하는 정보를 획득할 수 있으며, 이는 다양한 레이어의 중첩(overlay)을 통하여 새로운 지식을 획득할 수 있는 방안으로 활용이 가능하다(그림 3-11(a) 참조). 그리고 타임맵에서는 마우스로 일정 범위를 선택한 경우에 해당되는 레이어와 속성데이터를 보여주는 기능을 제공한다. 지도 위에서 마우스로 일정 범위를 선택했을 때, 선택된 범위에 관련된 레이어들이 표시된 화면이다(그림 3-11(b) 참조). 또한, 범위 내에 속한 레이어들은 관련된 속성 데이터의 건 수가 함께 출력된다. 표시된 레이어들 중에서 특정 레이어를 선택하게 되면 해당 레이어의 레코드들, 즉 속성데이터들이 테이블 형태로 제공된다.

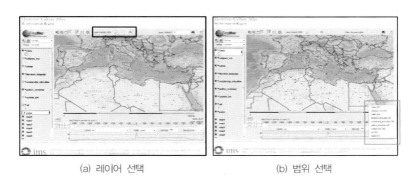

(a) 레이어 선택   (b) 범위 선택

[그림 3-11] 타임맵에서 레이어/범위 선택 화면

타임맵에서는 일정범위를 선택하는 방법 이외에 특정 객체를 선택하는 기능도 제공한다. 특정 객체를 선택한 경우의 정보 출력은 테이블 형태와 링크 형태와 같은 두 가지 방식을 제공한다. 세부적으로 첫 번째 방식은 해당 객체의 속성 데이터가 테이블 형태로 출력되고, 두 번째 방식은 특정 사이트로 링크된다.

2) 구글맵스/어스을 이용한 전자문화지도 구축

구글맵스(Google Maps)[17]는 구글에서 제공하는 2차원 위성지도 서비스로, API[18]를 활용해 다양한 응용프로그램으로의 구현이 가능하다. 기존의 구글맵스는 대부분 길 찾기, 장소 찾기와 같이 지도 고유의 기능을 활용하는 것에 중점을 두었으나, 구글맵스를 전자문화지도에 접목하여 전자문화지도 구축에 응용할 수 있다.

구글어스(Google Earth)[19]는 3차원 위성지도서비스로, 구글어스를 활용해 구현된 전자문화지도를 웹에 삽입해서 웹 브라우저에서 구글어스 서비스를 활용할 수 있다. 구글어스를 웹페이지에 로드하는 방안은 두 가지가 있다. 첫 번째는 구글어스 오픈 API를 활용하는 방법이며 데이터 양이 방대한 경우에는 데이터베이스와의 연동이 필요하다. 구글어스 API 활용 시 데이터베이스와의 연동을 통해 테이블의 레코드 정보를 구글어스에 표현할 수 있다. 전자문화지도 제작에 필요한 주제를 데이터베이스로 관리하고 이를 지도위에 표현이 가능하므로 전자문화지도 제작에 효과적이라 할 수 있다. 두 번째는 Embedded KML Viewer를 활용하는 방법으로 작성된 KML 파일을 자바

---

17) https://www.google.co.kr/maps

18) Application Programming Interface의 약어. 프로그램에서 어떤 처리나 작업을 위해서 호출할 수 있는 서브루틴 또는 함수의 집합이다. 예를 들어, 윈도우의 API를 사용하면 프로그램은 윈도우를 열거나 메시지 박스를 만드는 일 등과 같은 복잡한 일들을 하나의 명령으로 처리할 수 있다.

19) https://www.google.com/earth/

스크립트를 활용해 웹 페이지에 로드시키는 방법이다.

■ 베이스맵

전자문화지도 시스템 구축에서 베이스맵을 확보하는 것이 가장 중요한 사항 중의 하나이다. 타입맵과 달리 구글맵스/어스는 전 세계를 대상으로 지도 서비스를 제공하므로 자체적으로 베이스맵을 제공하며, 구글 지도는 위성을 통해 제공되는 영상·이미지로 지구 전체를 대상으로 비교적 정확한 지역 정보 및 위치정보를 제공한다. 따라서 전자문화지도 제작시 베이스맵 확보를 위해 별도의 노력을 요하지 않는다는 장점이 있으며, 또한 2차원뿐만 아니라 3차원 지도를 베이스맵으로 활용할 수 있는 장점이 있다. 그리고 구글맵스/어스의 위성지도서비스는 지역정보의 구체성, 정확성 등을 보장받을 수 있고 베이스맵의 확대/축소가 자유롭다.

■ 인터페이스

구글어스의 인터페이스는 기본적으로 지도 서비스를 위해 최적화되어 있지만, 전자문화지도 제작 및 조작을 위한 인터페이스로도 충분히 활용가능하다. 세부적으로 타임슬라이더를 통한 시간값 제어, 베이스맵을 통한 공간값 제어, 공간 객체(점, 선, 면)를 통한 주제값 제어 등을 제공한다. 또한, 구글어스의 인터페이스를 통한 시스템의 모든 기능들을 마우스를 통해서 조작하므로 사용하기가 편리한 장점이 있다.

구글맵스 또한 기본적으로 제공되는 인터페이스를 구글맵스 API를 활용해 다양한 형태로 응용이 가능하므로, 전자문화지도 제작시 기본 인터페이스를 변형할 수 있다. 이를 위해 개발자는 기본적으로 HTML,

CSS, JavaScript, PHP, DBMS와 관련된 기술을 필요로 한다.

■ 주요 기능

구글맵스/어스는 기본적으로 주제, 시간, 공간값이 연계된 정보를 제공한다. 타임슬라이더 조작을 통해 원하는 시간값에 해당하는 주제를 지도 위에 나타낼 수 있다. 또한 다른 소프트웨어에 비해 지도 활용 기능이 뛰어나며 구글어스의 경우 3차원 형태의 지구모형을 회전하며 활용하므로 사용자는 사실적이고 입체감 있는 정보를 제공할 수 있다. 구글어스는 다른 전자문화지도 제작 방법에 비해 점, 선, 면 데이터의 입력이 비교적 간단하다. 구글어스 자체에서 지역의 좌표값을 제공하기 때문에 개발자는 해당 지역에 마우스를 통해 점, 선, 면 데이터를 생성할 수 있다. 점, 선, 면에 대한 세 가지 정보표현 방법은 구글어스에서 각각 아이콘, 경로, 다각형이라는 이름의 메뉴로 그 기능을 제공하며 각 방법에 대해 텍스트를 비롯해 <html> 태그, 이미지, 링크 등을 통해 정보 내용을 서비스할 수 있다. 다음 그림은 구글맵스 및 구글어스를 이용하여 구축한 전자문화지도 시스템을 보여준다.

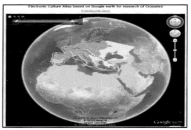

(a) 구글맵스를 이용한 전자문화지도   (b) 구글어스를 이용한 전자문화지도

[그림 3-12] 구글맵스/어스를 활용한 전자문화지도

구글에서는 개발자를 위해 구글어스 API와 구글맵스 API를 제공하는데, 개발자는 API를 활용해 구글 지도를 자신의 환경에 맞게 커스터마이징할 수 있으며 이를 위해서는 다양한 프로그래밍 기술이 필요하다. 구글 지도에서 기본적으로 사용되는 프로그래밍 기술의 유형으로는 데이터 관리를 위한 DBMS, 웹과 데이터의 연동을 위한 PHP 웹 프로그래밍, 동적인 주요 기능 구현을 위한 JavaScript, 디자인 및 레이아웃을 위한 HTML 및 CSS 프로그래밍 등이 있다. 또한 구글 지도에서는 데이터 표현을 위해 KML(Keyhole Markup Language)을 활용하는데, KML은 태그기반의 언어로 정형화된 방식의 태그 사용을 통해 테마, 시간, 공간 값을 매핑하고 지도위에 나타낸다. 따라서 구글 지도를 이용하여 개발할 때에는 KML 구성에 대한 이해가 요구된다.

구글 지도는 시간 값과 연계된 응용프로그램에 대한 공개된 코드 샘플들을 다수 제공하며, 다음 그림은 timemap 라이브러리를 이용하여 전자문화지도를 제작하는 방법을 보여준다. 세부적으로 구글맵스에서 시간 값을 활용하는 샘플 파일들을 제공하며 이를 커스터마이징 하는 것 또한 구글지도 기반의 전자문화지도를 제작하는 방법으로 활용할 수 있다.

3) 자체 기술을 이용한 전자문화지도 구축

기존의 전자문화지도 중에서 타임맵이나 구글맵스/어스와 같은 전용 도구를 이용하지 않고 자체 기술을 이용하여 구축하는 유형이 있다. 이 유형에는 국내에서는 조선시대 전자문화지도, 한국향토문화대전, 아시아문화지도가, 해외에서는 BBC 세계 종교·사상 전자문화지도가 있다. 이 중에서 조선시대 전자문화지도와 BBC 세계 종교·사상 전자문화지도를 대상으로 살펴본다.

[그림 3-13] timemap 라이브러리를 이용한 전자문화지도 제작

■ 베이스맵

타임맵이나 구글맵스/어스를 이용하지 않고 자체 기술을 사용하는 경우에는 베이스맵도 자체적으로 구축해야 하며, 베이스맵의 제작 형태는 래스터 방식과 벡터 방식이 있다. 조선시대 전자문화지도의 경우에는 베이스맵을 벡터데이터를 기반으로 자체적으로 구축하였다. BBC 세계 종교·사상 전자문화지도의 경우에도 베이스맵을 벡터데이터를 기반으로 플래시형태로 자체적으로 구축하였다. 자체 제작하는 베이스맵을 래스터 방식이 아닌 벡터 방식으로 구축하는 이유는 확대/축소시 이미지 흐림 현상이 없이 자연스럽게 출력하기 위함이다. 전자문화지도를 자체적으로 구현하는 경우에 베이스맵을 별도로 구축해야 하므로 지도 제작 및 구축에 비용 및 노력이 발생한다.

■ 인터페이스

자체 기술을 이용하는 경우에는 별도의 전자문화지도 제작도구를 활용하지 않으므로 표준화된 인터페이스 제공이 어려운 단점이 있다.

대신에 구축하고자 하는 전자문화지도에 특화된 인터페이스를 제공할 수 있다. 그러나 전자문화지도를 구축할 때마다 처음부터 인터페이스 설계 및 구현을 매번 반복해서 수행해야 하므로 비용과 시간이 많이 들게 된다. 조선시대 전자문화지도 시스템의 초기 화면에는 지명, 지리지, 마을굿, 민요, 인구·경지를 선택할 수 있게 구현되어 있다. 이 시스템은 데이터베이스에 따라 검색 방법 및 검색 필드, 웹 인터페이스가 각각 다르게 사용되고 있다. 다음 그림은 지명 데이터베이스 검색과 민요 데이터베이스 검색 화면을 보여주고 있다. 지명 데이터베이스에는 지명을 검색하는 필드가 있지만, 민요 데이터베이스에는 지명에 관련된 검색이 배제되고 민요명, 제보자와 같은 내용을 검색에 활용하는 방식이다.

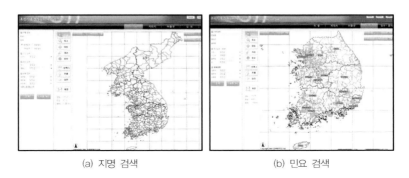

(a) 지명 검색   (b) 민요 검색

[그림 3-14] 조선시대 전자문화지도 DB 검색 화면

BBC 세계 종교·사상 전자문화지도의 초기 화면은 다음 그림과 같으며, 플래시를 활용하여 제작하여 시각적으로 매우 화려한 반면에, 지도 자체를 직접 조작할 수 없다는 문제점이 있다. 즉, 시스템에서

제공하는 컨트롤 바(control bar)를 통해서만 조작이 가능하므로 사용 편의성 측면에서 불편하다는 단점이 있다. 또한 점, 선, 면 데이터를 시각적으로만 활용했고 텍스트, 이미지, 멀티미디어 등을 활용하지 않아 사용자에게 정보제공의 충분성이 미흡한 문제도 있다.

[그림 3-15] BBC 세계 종교·사상 전자문화지도의 인터페이스

■ 주요 기능

타임맵이나 구글맵스/어스와 같은 전문 제작도구는 전자문화지도를 구축하기 위한 필수 기능들을 제공한다. 그러나 전자문화지도를 자체 제작하는 경우에는 별도의 전자문화지도 제작도구를 활용하지 않으므로 필수 기능들을 직접 구현해야 하므로 많은 비용과 노력이 들게 된다. 특히, 전자문화지도가 시간·공간·주제가 서로 유기적으로 연계되어야 하지만, 이 부분에 필요한 기능들을 직접 구현하더라도 자연스럽게 연계되기가 어려운 문제가 발생한다. 예를 들어, 전자문화지도에

시간 개념을 추가하게 되면 전문 제작도구에서는 자연스럽게 해결 가능하지만, 자체적으로 구현하는 경우에는 많은 어려움이 따른다.

조선시대 전자문화지도 시스템에서는 대부분 검색 기능을 제공하고 있지만, 전자문화지도의 특성을 반영한 검색으로는 다소 불충분하다. 예를 들어 지명 화면에서는 시간 검색은 연속적인 시간값이 아닌 특정 시대의 값들만 제공하고 있고, 지리지 검색 화면에는 시간값 검색을 지원하지 않고 있다. BBC세계 종교 사상 전자문화지도는 벡터 기반으로 플래시 형태로 제작되어 있어, 플래시에서 사용되는 애니메이션 기능과 다양하고 화려한 디자인적인 요소는 사용자에게 보다 시각화된 정보제공을 가능하게 한다. 그러나 플래시의 액션 스크립트로 정형화된 기능만 수행할 수 있게 되어 있어 사용자의 다양한 요구를 수용할 수 없는 문제점이 있다. 또한, 지도를 단순히 출력용으로만 활용하고 있어 사용자의 범위 선택이나 객체 선택을 통한 검색을 지원하지 않는 단점이 있다.

4) 전자문화지도 구축 방법 비교 분석

앞에서 기술한 바와 같이, 전자문화지도 구축 방법에는 타임맵을 이용한 전자문화지도 구축(유형 1), 구글맵스/어스를 이용한 전자문화지도 구축(유형 2), 자체 기술을 이용한 전자문화지도 구축(유형 3)이 있다. 이 방법들을 베이스맵, 인터페이스, 주요 기능 항목을 중심으로 비교 분석한 결과를 종합해 보면 다음과 같다.

[표 3-2] 전자문화지도 구축 방법 비교

	유형 1 (타임맵 이용)	유형 2 (구글맵스/어스 이용)	유형 3 (자체 기술 이용)
베이스맵	별도 구축	기본 제공	별도 구축
인터페이스	전자문화지도에 적합한 인터페이스 제공	지도에 적합한 인터페이스 제공	별도 구현
주요기능	·주제, 공간, 시간 값 검색 ·레이어 기능 제공	·주제, 공간, 시간 값 검색 ·지도 및 공간데이터 제공	별도 구현
특징	전자문화지도 제작이 용이하고 특화된 기능 및 부가 기능이 다양	기본 기능은 다양하지 않으나 API를 활용해 기능 추가/수정 가능	인터페이스, 기능을 구현해야 하므로 비용과 시간이 많이 듬

　　전자문화지도 구축을 저작 소프트웨어의 활용 관점에서 보면, 크게 두 가지 방법으로 분류할 수 있다. 첫째는 타임맵과 같은 전자문화지도 전문 제작 도구를 활용하여 구축하는 방법으로 주제, 시간, 공간 값의 매핑이나 레이어 기능, 점, 선, 면 등의 공간데이터 구현 기능 등 전자문화지도에 필요한 필수 기능을 기본적으로 제공한다. 구글맵스/어스의 경우에는 전문 도구는 아니지만 전자문화지도의 기본이 되는 베이스맵을 기본적으로 제공하므로 전자문화지도 제작에 효율적으로 응용이 가능하다. 둘째는 전자문화지도를 자체 제작하는 방법으로 ICT 전문가가 직접 참여하여 제작한다. 이 방법에서는 기능, 인터페이스 등을 기관에서 원하는 형태로 제작이 가능하나 전자문화지도를 위한 필수 기능들을 매번 개발해야하므로 비용과 노력이 많이 드는 단점이 있다.

5. 맺음말

　　최근 사회 전반에 걸쳐 인문·지역학과 정보처리학의 융합에 대한 관심이 높아짐에 따라 디지털 인문학이 많은 각광을 받고 있으며, 전자문화지도는 이러한 디지털 인문학의 대표적인 시스템 사례라고 볼 수 있다. 본 장에서는 전자문화지도에 대한 개념 및 사례와 전자문화지도 시스템의 구축 방법에 대하여 살펴보았다. 이러한 전자문화지도는 인문·지역학의 새로운 연구 방법을 위한 도구로 주목받고 있다. 즉, 인문·지역학 분야에서는 학문연구 방법의 다양성을 모색하기 위한 시도가 이루어지고 있으며, 하나의 방안으로 전자문화지도에 관한 연구가 점차 확산되는 추세이다. 따라서 앞으로도 인문·지역학 및 디지털 인문학 분야에서 전자문화지도에 관한 다양한 연구들이 이루어질 것으로 예상된다.

4장 전자문화지도 구축 사례

> 본 장에서는 앞 장에서 기술한 전자문화지도에 대하여 실제 시스템으로 구축한 사례를 다루고자 한다. 이를 위하여 실제 저자들이 다년간의 전자문화지도 관련 연구를 수행하면서 습득한 연구 내용을 분석, 설계, 구현 등의 과정을 중심으로 설명한다. 세부적으로 앞에서 기술한 전자문화지도 구축 방법을 기반으로 다양한 주제들에 대하여 전자문화지도를 구축한 경험 및 내용을 위주로 살펴본다.

1. 해외지역연구를 위한 전자문화지도 구축

해외지역연구는 해외의 특정지역 또는 국가의 정치, 경제, 사회, 문화 등 제반 분야를 종합적이고 체계적으로 연구하는 학문이다.[1) 이제까지의 해외지역연구 결과의 공유 및 확산을 위하여 논문, 저서 등과 같은 출판물과 발표, 강의, 세미나 등의 오프라인 형태로 수행하는 것이 일반적이었다. 그러나 이러한 방식은 접근 및 활용성이 떨어진다는 단점이 있으며, 이를 해결하기 위한 해결책으로 관련 웹사이트를 구축

---

1) 박광섭. 2006. 『해외지역 연구의 이해』. 대경출판사.

하여 온라인상으로 결과물을 확산시키는 방법이 보편화되고 있다.

이 방법은 기존 오프라인 방식에 비하여 시간적, 공간적 제약을 극복하여 사용자가 쉽게 연구결과물을 접근할 수는 있지만, 많은 결과물이 단순 나열되는 형태로 제시되어 있어 유기적인 연계성을 파악하기가 어려운 점이 있다. 본 사례에서는 해외지역연구를 위한 전자문화지도의 구축 및 활용 방안을 다루고 있으며, 지중해지역을 해외지역연구의 대상으로 한다. 해외지역연구를 위한 전자문화지도 구축의 전체적인 절차는 다음 그림과 같다.

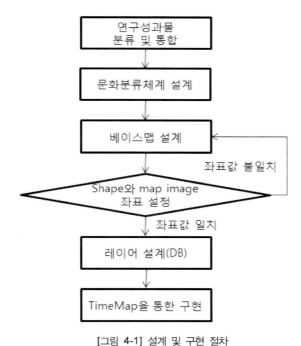

[그림 4-1] 설계 및 구현 절차

1) 문화분류체계 설계

문화란 단순히 문학이나 예술이 아니라 사람들의 다양한 생활과 생존방식 등 삶의 질을 높이기 위한 사람들의 노력의 결과물이자 그 총체이다.[2] 문화를 분류하기 위해서는 문화에 대한 개념과 정의, 범위에 대한 논의가 선행되어야 한다. 이와 같이 문화라는 개념의 범위가 정해져 있지 않으므로 지도에서 어떤 정보를 나타낼 것인지에 관한 설계 즉, 전자문화지도를 구축하기 전에 지도에서 나타낼 문화를 분류하고 선정하는 작업이 선행되어야 한다.

본 구축사례에서는 이를 위하여 지중해지역의 연구 성과물을 주제별로 분류 및 통합하여 문화분류체계를 설계한다. 다음 표는 지중해지역연구를 위한 문화분류체계이며, 이 체계는 지중해지역에 관한 인

[표 4-1] 지중해지역 연구를 위한 문화분류체계

주 제	양 태	관념	인물	사건	사물
교 류	국가/민족	국가, 관념,사상	왕, 권력가, 중요 인물	국가중요 사건	국가주요 사물
	종교/전쟁	종교사상	성인, 신화, 인물, 장군	종교전쟁, 영토 전쟁	종교서적, 유적, 유물
	학술/교육	학술교육사상	철학자, 교육자, 학술가	언어 및 교육 관련 사건	학술서적
	문학/언어	언어사상	문학가, 작가	문화, 학술관련 사건	문학서적, 주요작품
	생활/관습/법률	신화, 신앙,의식	법률가	법, 생활 주요사건	건물, 음식
	정치/사회/경제	정치, 경제사상	정치인, 경제인, 행정가	근대화, 산업화 등의 사건	기술품, 관련서적
	예술	신화, 사상	미술가, 건축가, 예술가	미술, 건축, 주요사건	예술작품
관련 도서 및 학술 자료		제목, 저자, 주제			

2) 김상헌, 손정훈. 2008. "아시아문화지도 문화분류체계와 기반기술 연구". 『글로벌문화콘텐츠』. 제1호. 글로벌문화콘텐츠학회. pp.173-203.

문학, 지역학, 문학 등 관련 전문가 및 연구자들과의 협업을 통하여 분류 및 정의하였다.

2) 시스템 설계

앞에서 정의한 문화분류체계를 기반으로 데이터베이스를 설계하며 지도데이터(공간)는 세계지도에서 지중해지역 즉, 연구 범위에 해당되는 지역의 지도를 추출하여 베이스맵으로 활용한다. 다음 그림은 지중해지역 연구를 위한 전자문화지도시스템의 전체 구조를 보여준다. 본 구축 사례에서 전자문화시도 시스템의 개발 도구는 ECAI의 타임맵 소프트웨어를, 데이터베이스 구축을 위해서는 MySQL을 활용하였다.

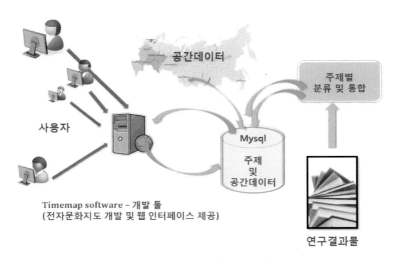

[그림 4-2] 지중해지역 연구를 위한 전자문화지도 구성도

데이터베이스 구축을 위해서는 먼저 전자문화지도에 표현할 레이

어(layer)3) 설계가 선행되어야 한다. ECAI의 타임맵에서의 지도 레이어 설계 방법은 다음 표와 같으며, 대부분 단일 shape 데이터 방법을 활용하고 있고 지도 이미지를 활용한다고 해도 한 장의 래스터 이미지에 shape 파일을 추가하여 활용하고 있다.

[표 4-2] 타임맵의 지도 레이어 설계 방법

지도 레이어 설계 방안	문제점
단일 shape 파일 사용	사용자 이해 및 사용성 낮음
단일 래스터 사용	확대 시 이미지 흐림 현상
shape 파일 + 단일 래스터	확대 시 이미지 흐림 현상

이러한 타임맵의 지도 레이어 설계 방법을 그대로 적용할 경우에는 확대 시 이미지 흐림과 세부 정보 표시에 문제가 발생할 수 있다. 이를 해결하기 위하여 지중해지역 연구를 위한 전자문화지도 시스템에서는 다음 표와 같은 방법으로 지도 레이어를 설계하였다. 이를 위해서는 이미지를 세분화 하는 작업이 필요하며 세부 정보가 담긴 이미지의 좌표 설정에 대해 각각 구현하는 작업이 필요하다.

[표 4-3] 지도 레이어 설계 방법

지도 레이어 설계 방안	세부 설계 과정
shape 데이터 + 다중 래스터	• 지중해지역 shape 파일 추출 • 지중해지역 이미지 추출 • 이미지 분할 • 분할된 각각의 이미지에 대한 좌표 추출 • 시스템 적용

---

3) 지리정보시스템(GIS)에서 실세계를 표현하는 기법에서 사용하는 중요한 개념이다. 지구상에 존재하는 모든 객체를 한 면에 다 그려 넣는다는 것은 불가능하므로 객체의 종류별로 구분하여 레이어라는 이름으로 하나의 파일 단위로 입력한 후에, 필요에 따라 사용하고자 하는 레이어만 선택하여 관리한다. 예를 들어, 실세계에 있는 여러 종류의 객체들 중에서 도로, 토지, 행정 경계, 하천 등의 객 정보를 각각 따로 입력한 후에 필요하면 보이게 하고 필요하지 않는 레이어는 숨겨 둠으로써 사용자의 필요에 따라 다양한 용도로 사용할 수 있다.

다음 표는 주제 레이어에 대한 설계 내용으로, 기본적으로 앞에서 언급한 문화분류체계를 기반으로 수행하였다. 세부적으로 문화분류체계에서 주제에 해당하는 국가/민족, 종교/전쟁, 학술/교육 등이 주제 레이어가 되고, 양태별 관념, 인물, 사건, 사물의 각 주제별 테마들이 해당 주제 레이어의 속성으로 정의된다. 예를 들어, 문화분류체계의 종교/전쟁 주제가 religious_war라는 주제 레이어로 정의되고, 성인, 신화, 종교서적과 같은 테마들이 각각 saint, mythical, religious/book이라는 속성으로 정의된다.

[표 4-4] 문화분류체계를 활용한 레이어 설계

주제 레이어	공통속성	속성	타입
religious_war (종교/전쟁)	id, xlocation, ylocation, startdate, enddate, prof	religious, saint, mythical, war, religious/book, ruins, artifact	point, line, polygon
nation (국가)		nationalism, thought, king, power_holder, major_nation_event, national_key_faciality	point, line, polygon
생략	.....	.....	.....

3) 시스템 구현

지중해지역 연구를 위한 전자문화지도 시스템 구현을 위한 전체적인 개발 환경은 다음 표와 같다. 세부적으로 ECAI의 타임맵을 기반으로 클라이언트/서버(client/server)[4] 방식으로 시스템을 구현하였다.

---

4) 정보의 요청자 역할을 하는 클라이언트와 정보의 제공자 역할을 하는 서버로 구성하는 방식으로, 서비스를 요구하는 클라이언트와 서비스를 제공하는 서버의 응용 프로그램을 기반으로 이들 간의 통신에 의해 응용을 구현한다.

[표 4-5] 개발 환경

구분	사양
운영체제(OS)	Windows 7
데이터베이스관리시스템(DBMS)	Mysql 5.0
웹 어플리케이션 서버(WAS)	Apache-Tomcat 7.0.29
프로그래밍 언어	JAVA, JSP(Java Server Page)
저작 소프트웨어	TimeMap TMWin, TimeMap Web Application

지중해지역 연구를 위해 구현된 전자문화지도 시스템의 실행 초기 화면은 그림 4-3과 같다. 여기서 베이스맵은 ArcGIS 제공하는 세계지도를 지중해지역을 중심으로 편집한 후에, 크기를 조정하였으며 좌표체계는 WGS-84[5])로 구성하였다. 그림 4-4는 특정 주제를 선택한 화면으로, 객체를 선택하면 데이터베이스에서 해당 주제 테이블의 입력된 좌표값에 해당되는 레코드를 출력한다. 선택된 주제의 정보 조회는 테이블로 제공되며 이는 타임맵 소프트웨어에서 지원하는 기본 출력 양식이다. 출력 양식은 클래스 수정을 통해 변경할 수 있다.

[그림 4-3] 메인화면   [그림 4-4] 주제선택화면

---

5) 지구의 중심을 원점으로 하는 3차원 직교좌표계로 지구 전체를 대상으로 하는 세계 공통 좌표계이다.

그림 4-5(a)는 한 장의 래스터 이미지를 활용했을 때의 지도 확대 화면으로, 지도 확대 시 이미지가 흐려지는 현상이 나타난다. 그림 4-5(b)는 구현한 시스템의 지도 확대 화면으로, 9장으로 구성된 다중 래스터 방식으로 구현하였기 때문에 객체에 대한 정보를 높은 해상도로 제공할 수 있다.

(a) 단일 래스터 이미지

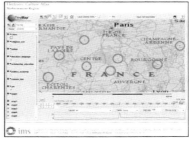
(b) 다중 래스터 이미지

[그림 4-5] 지도 확대 화면

그림 4-6의 분할된 이미지는 마치 한 장의 지도처럼 사용자에게 보여지며 단일 이미지 활용으로 인한 이미지 흐림 현상과 지역의 세부 정보 표시 문제를 해결할 수 있다. 그림 4-7은 각 레이어의 테마와 관

[그림 4-6] 분할된 베이스맵

[그림 4-7] 콘텐츠 선택 화면

련된 동영상 콘텐츠 제공을 위한 링크 모습이다. 각 테마에 관련된 동영상 및 이미지 페이지를 링크로 제공하며 관련 콘텐츠는 다른 웹 사이트와 연동하여 활용한다.

2. 구글어스 기반의 전자문화지도 구축

지리정보를 표출함에 있어 가장 큰 난점 중의 하나가 베이스맵의 확보이다. 최근에는 전 세계의 지도를 제공하는 구글맵스(Google Maps)나 구글어스(Google Earth)를 통해 지리정보를 표현하는 것이 가능하다. 기존의 전자문화지도는 대부분 평면 비트맵 이미지를 베이스 맵으로 활용하지만, 평면 비트맵 이미지는 지역의 입체적이고 구체적인 정보제공에 한계가 있으며 베이스맵 확대 시 이미지가 흐려지는 현상을 발생시키는 문제점이 있다.

본 구축 사례에서는 전자문화지도 구축을 위해 구글어스를 이용하였으며, 구글어스는 입체적인 지도를 제공하므로 평면 기반의 지도나 비트맵 지도에 비해 입체감, 거리감 등에 대해 현실성을 높일 수 있다. 전자문화지도 구축을 위한 주제로는 십자군 전쟁을 대상으로 하였다.

1) 시스템 설계

시스템 설계에 앞서 선행되어야 할 과제는 주제의 선정으로, 이것은 전자문화지도 위에 표현될 문화의 주제를 분류 및 정의하는 과정이다. 본 구축 사례에서는 지중해지역 연구를 위해 십자군과 관련된 주제를 설계하였으며 세부적으로 주제, 시간값, 공간값에 대한 설계 내용은 다음 표와 같다. 세부적으로 공간적인 대상으로 지중해지역을, 시간적인 대상으로 11세기~13세기로 하였으며, 십자군 전쟁이라는 주제에 대하여 이 시간과 공간에 걸쳐 있었던 사건 등과 같은 다양한 테마들에 대하여 점, 선, 면을 이용해 정보를 표현하였다.

[표 4-6] 주제, 시간, 공간 설계

주제(테마)		시대	공간
내용	표현		
십자군 이동 경로	선(line)	11세기~13세기	지중해지역
십자군 관련 국가	면(polygon)		
주요 사건	점(point)		

점, 선, 면에 대한 세 가지 정보표현 방법은 다음 그림과 같이 아이콘, 경로, 다각형이라는 이름의 메뉴로 그 기능을 제공하며, 각 방법에 대해 텍스트를 비롯해 <html> 태그, 이미지, 링크 등을 통해 정보를 제공한다.

[그림 4-8] 정보 표현 및 정보 내용 설정

지도상의 점, 선, 면 공간데이터를 기반으로 십자군 전쟁과 관련된 다양한 테마들을 표현하기 위한 설계 내용은 다음 그림과 같다. 예를 들어, 십자군 전쟁의 주요 사건들에 대한 내용은 전자문화지도위에 점으로 표현하였으며, 해당 점을 선택하면 관련 내용들을 HTML, 링크, 텍스트, 이미지, 동영상 등의 유형으로 제공되도록 설계하였다.

[표 4-7] 정보표현을 위한 설계 방안

공간타입	테마	내용	정보유형
점	주요사건	십자군 전쟁 중 발생한 주요사건을 지도 위에 점으로 표현	html, 링크, 텍스트, 이미지, 동영상
선	주요경로	8회에 걸쳐 이루어진 십자군의 주요 경로를 지도 위에 선으로 표현	html, 링크, 텍스트, 이미지, 동영상
면	범위, 국가영역 및 종교 범위	십자군 세력의 범위 및 십자군을 통해 형성된 종교의 범위를 지도 위에 면으로 표현	html, 링크, 텍스트, 이미지, 동영상

다음 표는 메타데이터 설계 내용으로 지도 위에 점, 선, 면으로 표현된 객체 선택 시 기본적으로 제공되는 정보이다.

[표 4-8] 메타데이터 설계

제목(title)	표현방법(type)	내용(contents)	자료종류	주요국가	주요도시
제1차 십자군	선	1096~1099년에 걸쳐 이루어진 제1차 십자군 원정 주요 경로	텍스트, 이미지	로마,	쾰른, 빈, 소피아 등
제1차 십자군 영역	면	1차 십자군 원정으로 인해 성립된 십자군 영역	텍스트, 이미지	시리아, 팔레스타인	
예루살렘 탈환	점	제5차 십자군원정을 통해 예루살렘을 탈환	텍스트, 이미지	이스라엘	예루살렘
종교범위	면	기독교, 그리스 정교, 이슬람교 등 종교 범위 변화	텍스트, 이미지	북지중해 국가, 북아프리카	
……	……	……	……	……	……

선정된 주제(테마)인 십자군 전쟁에 관한 정보들을 수집한 후에, 구글어스를 통해 해당 지역 위에 점, 선, 면 형태로 표현하도록 설계하였다. 그리고 점, 선, 면 객체로 표현된 십자군 전쟁 관련 테마들의 관련 내용을 텍스트, 이미지, 링크 등을 통해 제공될 수 있도록 설계하였다. 다음 그림은 구글어스를 이용한 전자문화지도 시스템 구축을 위한 전체적인 설계 절차를 보여준다.

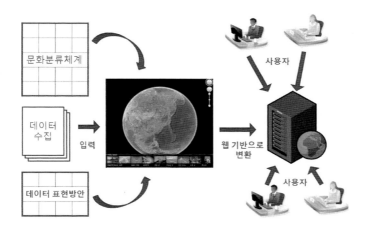

[그림 4-9] 전체 시스템 설계

이전의 구글어스는 독립형 어플리케이션으로 해당 프로그램을 PC에 설치해서 활용하였으나, 현재는 웹에서 활용이 가능하다. 따라서 사용자는 구글어스를 활용하기 위해 해당 프로그램의 설치 없이 일반 웹 브라우저에서 구글어스 서비스를 활용할 수 있으며, 이로 인하여 구글어스를 이용하여 구축된 전자문화지도를 웹에 삽입해서 서비스를 할 수 있다.

구글어스를 웹페이지에 로드하는 방안은 크게 두 가지가 있다. 첫 번째로 구글어스 오픈 API를 활용하는 방법으로, 먼저 문서에 구글어스 API를 로드한다. 그리고 구글어스 플러그인을 보유하는 DIV 요소를 생성하고 페이지가 로드되면 이를 초기화 하는 함수를 생성하여 호출하여야 한다. 다음 그림은 구글어스 API를 활용하여 구글어스를 웹 페이지에 로딩하는 예이다.

```html
<html>
<head>
 <title>Sample</title>
 <script type="text/javascript" src="https://www.google.com/jsapi">
</script>
 <script type="text/javascript">
   var ge;
   google.load("earth", "1", {"other_params":"sensor=true_or_false"});

   function init() {
     google.earth.createInstance('map3d', initCB, failureCB); }
   function initCB(instance) {
     ge = instance;
     ge.getWindow().setVisibility(true); }
   function failureCB(errorCode) { }
   google.setOnLoadCallback(init);
 </script>

</head>
<body>
 <div id="map3d" style="height: 400px; width: 600px;"></div>
</body>
</html>
```

[그림 4-10] 구글어스 API 활용 예

전자문화지도는 활용 용도에 따라 데이터가 점차 추가 되어야 하는 경우가 있는 반면에 그렇지 않은 경우도 있다. 전자처럼 방대한 양의 데이터를 관리하는 응용의 경우에는 데이터베이스와의 연동이 필수적이다. 구글어스 API 활용 시 데이터베이스와의 연동을 통해 테이블 내용을 구글어스에 표현할 수 있다. 전자문화지도 제작에 필요한 주제를 데이터베이스로 관리하고 이를 지도위에 표현이 가능하므로 전자문화지도 제작에 효과적이라 할 수 있다. 즉, 구글어스 API를 활용하여 데이터베이스와 GIS 소프트웨어 등을 연계하여 응용 프로그램의 개발이 가능하다. 두 번째는 Embedded KML Viewer를 활용하는 방법으로, 작성된 KML 파일을 자바스크립트를 활용해 웹 페이지에 로드시키는 방법이다.

본 구축 사례에서는 두 번째 방법을 활용하며, 세부적으로 구글어스에서 제공하는 기능을 활용해 점, 선, 면 데이터를 입력하고, 생성되는 KML 파일을 대상으로 프로그래밍을 통해 입력된 점, 선, 면 데이터와 시간값을 매핑한다. 구글어스 KML의 <Placemark> 태그는 점, 선, 면 등을 사용해 지도위에 데이터를 표현할 때 생성되는 정보이며, <TimeSpan> 태그 내의 시간 데이터는 <Point>, <Polygon>, <LineString> 태그와 매

```
<Placemark>
    <name>예루살렘 왕국 (1099~1187)</name>
    <description>예루살렘 왕국 (1099~1187)</description>
    <TimeSpan>
        <begin>1099</begin>
        <end>1187</end>
    </TimeSpan>
    <styleUrl>#msn_ylw-pushpin10</styleUrl>
    <Polygon>
        <tessellate>1</tessellate>
        <outerBoundaryIs>
            <LinearRing>
                <coordinates>
                    35.36389482141732,33.68228219194643,0
                </coordinates>
            </LinearRing>
        </outerBoundaryIs>
    </Polygon>
</Placemark>
```

[그림 4-11] 점, 선, 면, 데이터와 시간 값 매핑 예

평한다. 그리고 코딩이 완료된 KML 파일은 Embedded KML Viewer의 자바스크립트를 통해 웹 페이지에 로딩한다(그림 4-11 참조).

2) 시스템 구현

그림 4-12는 본 사례에서 구축된 구글어스 기반의 전자문화지도 시스템의 메인화면이다. 앞에서 설계한 바와 같이 사용자 편의성을 위해 구글어스 전자문화지도를 API를 활용해 웹에 삽입하는 방안을 활용하였다. 따라서 사용자는 별도의 구글어스 소프트웨어 설치 없이 웹에 접속하는 방식으로 해당시스템의 활용이 가능하다.

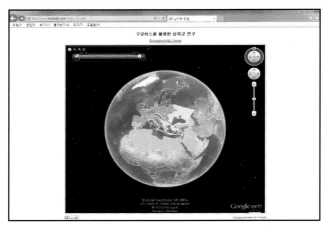

[그림 4-12] 메인 화면

그림 4-13은 전자문화지도의 특징인 시간값과 주제에 대한 매핑작업으로 인한 데이터 변화를 보여주는 화면이다. 지도 위에 나타낼 정보(점, 선, 면)는 시간값을 가질 수 있으며 사용자는 타임 슬라이더 조

작을 통해 해당 주제를 원하는 시기(시간)별로 검색할 수 있다. 즉, 타임 슬라이더의 시간에 해당되는 데이터만을 지도위에 나타냄으로써 세 가지 값이 유기적으로 연계된 통합된 정보 조회가 가능하다. 예를 들어, 1101~1105년 사이에 예루살렘에서는 십자군 전쟁과 관련하여 어떤 사건들이 있었으며, 해당 시기에 십자군 전쟁과 관련된 국가들의 종교 분포와 연관시켜 이해할 수 있다.

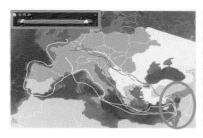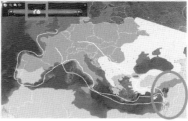

[그림 4-13] 시간값에 따른 데이터 변화

그림 4-14는 사용자가 전자문화지도 상에서 특정 정보(점, 선, 면)를 선택하였을 경우에 제공되는 콘텐츠들을 보여준다. <html> 태그의 활용을 비롯해 텍스트, 이미지 등의 정보제공이 가능하며 링크를 통해 멀티미디어, 관련 논문, 서적 등을 제공한다.

[그림 4-14] 정보 제공 콘텐츠 유형

그림 4-15는 베이스맵을 확대하였을 때의 화면을 보여준다. 만약 기존 이미지를 베이스맵으로 활용하면 확대 시에 그림 4-15(a)와 같이 흐림 현상이 발생하고 지역의 세부정보를 구체적으로 표현하는데 한계가 있을 수 있다. 반면에 본 시스템과 같이 구글어스를 이용하면 확대하더라도 그림 4-15(b)와 같이 선명하게 볼 수가 있고 특정 지역의 세부정보를 구체적으로 제공할 수 있다. 또한, 구글어스는 지구 전체를 대상으로 한 지도를 제공하므로 국가, 지역 간의 관계 및 교류 등을 나타내는데 적합하다.

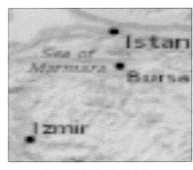 

(a) 2차원 비트맵 기반지도   (b) 구글어스 베이스맵

[그림 4-15] 지도 확대

3. 연구자 중심의 지중해전자문화지도(MECA) 설계 및 구현

해외지역연구는 해외의 특정 지역에 대해 종교, 정치, 역사, 인종, 언어 등 해당 지역의 전반적인 문화를 종합적으로 연구하는 학문 분야이다. 그 중에서 지중해 지역은 지리적으로 유럽과 북아프리카, 서

아시아가 지중해를 중심으로 인접해 있고 국가 간 교류로 인해 다양한 문화권이 혼종되어 있는 지역이다. 또한 인류문명사에 있어 역사적으로 중요한 부분을 차지하는 지역이기에 해외뿐만 아니라 국내에서도 이를 학문적으로 연구하는 연구자들이 적지 않다.

본 절에서는 지중해 지역 연구에 활용하기 위한 목적으로 구축된 연구자 중심의 디지털 인문학 기반의 지중해전자문화지도(Mediterranean Electronic Cultural Atlas, MECA)에 대하여 살펴본다. MECA의 주요 기능은 지중해 지역과 관련된 학술 논문 등의 연구결과물을 주제, 시간, 지역의 세 가지 값이 연계된 정보를 지도와 연계하여 동적으로 제공하는 것이다. 이를 통해 지중해 지역 연구자는 연구결과물에 대한 기본 정보 및 주제별, 지역별, 시기별 논문 분포, 분석, 동향 등의 정보를 시각적으로 제공받음으로써 인문·지역 연구에 활용할 수 있다.

1) 데이터베이스 설계

MECA에서 학술정보 제공을 위하여 지중해 지역을 연구하는 해외지역 인문한국연구기관인 지중해지역원에서 발행하는 2종의 등재학술지를 대상으로 한다[6][7]. 효율적인 디지털 인문학 시스템을 구축하기 위해서는 시작 단계부터 해당 분야의 전문가(인문·지역)와 ICT 전문가의 협업을 통한 주제 및 시간, 공간 값 설계가 요구된다. 설계나 구축과 같은 정보시스템의 관점이 아니더라도 디지털 인문학에는 인문학자 간 또는 인문학자와 정보처리학자 간의 협업이 필수적이다. 본 전자문화지도는 지중해 지역 연구에 필요한 주제, 시간, 공간 값을

---

6) http://www.ims.or.kr

7) http://www.imsmr.or.kr

설계 단계에서 인문・지역전문가 및 개발업체, ICT 전문가의 협업을 거쳐 설계를 진행하였으며, 세부적으로 지중해 지역과 관련된 연구결과물(논문)을 주제별로 분류, 통합 및 재분류하였다. 논문의 주제 분류는 중분류와 소분류의 2단계를 적용하였고 주제 분류 및 설계 과정을 포함한 데이터베이스, 화면 설계 등은 해당 연구소의 연구수행과제를 중심으로 연구책임자, 인문・지역 연구자, 시스템 개발자, ICT 전문가와의 협업을 통해 진행되었다. 표 4-9는 협의된 주제, 시간, 공간에 대한 세부 설계 내용이다.

[표 4-9] 주제, 시간, 공간 설계

주제(학문분류)		시간		공간
중분류	소분류	발행시기	논문시대	
인문학	일반어문학, 아랍어문학, 프랑스어문학, 스페인어문학, 이탈리아어문학, 그리스어문학, 터키어문학, 이스라엘어문학, 기타제어문학, 유럽역사, 아랍역사, 이스라엘역사, 역사이론, 이슬람철학, 유대철학, 종교학, 민속학, 기타인문과학	1997~2015	기원전~2015	지중해 지역
사회과학	인류학, 법학, 정치/외교학, 행정학, 경제학, 경영학, 지역개발, 관광학, 무역학, 사회복지학, 사회학, 신문/방송학, 교육학, 인문지리학, 기타사회과학			
예술체육	예술체육학			
복합학	여성학, 복합합			

MECA의 데이터베이스 구축을 위하여 그림 4-16과 같이 Article 테이블과 Article_Category 테이블을 설계하였으며, 테이블들 간의 관련성은 별도로 설정하지 않았다. 그 이유는 지도위에 주제, 시간, 공간 값이 연계된 데이터를 동적으로 제공하기 위해 프로그래밍 언어를 통한 해당 기능의 구현이 가능하기 때문이다. 두 개의 테이블 외에

필요한 테이블들은 향후 추가 및 수정될 예정이다. 세부적으로 Article 테이블에는 기본적으로 전자문화지도의 세 가지 값인 학문분류(주제), x, y 좌표값(공간값), 발행년도 및 시대적 배경(시간값) 등의 필드가 포함되어 있다. Article_Category 테이블은 표 4-9의 주제(학문분류)를 기반으로 설계한다.

Table name : Article				Table name : Article_Category	
Field	Data Type	Field	Data Type	Field	Data Type
AI_no	tinyint(11)	AI_keyword	text	Ac_id	tinyint(4)
AI_code	varchar(20)	AI_language	varchar(20)	AI_code	varchar(50)
AI_publishing	varchar(225)	AI_century	tinyint(4)	AI_en1	varchar(100)
AI_journal	varchar(225)	AI_year	varchar(20)	AI_en2	varchar(100)
AI_vol	tinyint(4)	AI_country	tinyint(225)	AI_ko1	varchar(100)
AI_num	tinyint(4)	AI_url	text	AI_ko2	varchar(100)
AI_title	text	AI_latitude	varchar(50)		
AI_abstract	text	AI_longitude	varchar(50)		
AI_author	varchar(225)	AI_date	date		

[그림 4-16] 데이터베이스 설계

2) 시스템 설계

기존의 디지털 인문학 시스템, 학술지 전자문화지도 시스템 등을 살펴보면 대부분 단방향 정보제공시스템 즉, 정보제공자 측에서 일방적으로 정보를 제공하고 사용자는 제공되는 정보를 서비스 받는 형태이다. MECA는 기본적으로 양방향 정보시스템을 목표로 한다. 양방향 정보시스템 환경은 단방향에 비해 커뮤니케이션 등으로 인한 웹 활성화, 다양한 시스템 사용자를 통한 정보검증 등의 효과를 거둘 수 있다. MECA의 사용자인 개인 또는 기관/단체는 연구결과물을 일련의 절차를 거쳐 MECA에 등록함으로서, 그림 4-17과 같이 자신의 연구결과물을 시각화된 형태로 공유 및 확산시킬 수 있다.

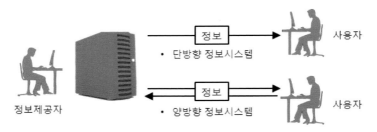

[그림 4-17] 양방향 정보시스템

3) 시스템 구현

MECA 구현을 위한 소프트웨어 및 개발 환경은 다음 표와 같다. 리눅스를 기반으로 데이터베이스 연동을 위한 웹프로그래밍 언어로 PHP를 활용하며, 주요 기능 구현을 위해 Google Maps API, JavaScript, AJAX 등을 활용한다.

[표 4-10] 개발환경

항목	소프트웨어
운영체제	Linux
프로그래밍 언어	HTML, PHP, JavaScript, AJAX, JQuery, Google Maps API, CSS
데이터베이스	Mysql 5.x 이상

MECA의 주요 기능 및 사용자 인터페이스는 그림 4-18과 같다. 세부적으로 연구자들의 사용 편의성을 극대화하기 위하여 한 화면에서 대부분의 기능을 지원할 수 있도록 최적화하였다. 기본적으로 MECA의 메인화면은 그림 4-18과 같이 크게 A, B, C, D와 같은 4개의 영역으로 구성된다.

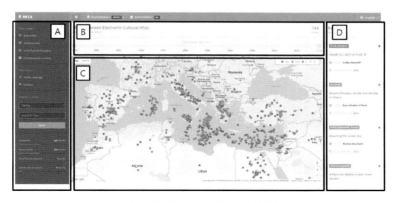

[그림 4-18] 메인화면 사용자 인터페이스

  A 영역은 검색 영역으로 발행기관별 논문 분류, 학문 분류, 언어 분류 등 원하는 논문을 분류별로 검색할 수 있는 영역으로, 검색 기능 외에 사용자 필요시 저자, 제목, 발행연도 등과 같은 항목을 조회할 수 있도록 구현했다. B 영역은 A 영역에 지정된 검색 항목에 대해 시간값을 지정하는 영역으로, 발행연도와 시대적 배경과 같은 두 가지 종류의 시간값 지정이 가능하다. 또한, 타임슬라이더 형태로 마우스 컨트롤을 통해 지정하는 시간값에 따라 해당데이터가 지도위에 동적으로 표시된다. 타임슬라이더는 검색값이 고정되어 있는 기존의 시스템과 달리, 사용자의 지정에 따라 시간값을 년 단위로 가변적으로 변화시킬 수 있기 때문에 시간값의 자유로운 설정이 가능하다. 기존의 대부분의 전자문화지도는 시간값 검색을 위해 하나의 타임슬라이더를 사용하나, MECA는 성격상 논문의 발행년도와 논문의 시대적 배경이라는 두 가지 형태의 시간값을 표현하기 위해 두 개의 타임슬라이더를 제공한다. C 영역은 지도 영역으로 데이터의 공간값(x, y 좌표)에 따라 해당데이터가 지도위에 표시된다. 따라서 사용자는 주제,

시간, 공간별 논문의 동향, 분포, 분류 등에 대한 정보를 지도위에서 시각적으로 이해할 수 있다. D 영역은 C 영역에 표시된 데이터에 대한 요약 정보를 목록화하여 나타내며, 목록으로 표시된 개별 정보를 선택하는 경우에는 관련 세부정보를 보여준다.

검색 조건 설정에 따라 MECA에서 검색을 수행한 결과 화면은 그림 4-19와 같다. 모든 검색 항목에 대한 결과는 그림 4-18의 C영역과 D영역에 동기화되어 표시되며, 동적으로 동기화되어 사용자에게 정보를 제공한다. 즉 검색항목을 설정 후에 버튼 클릭과 같은 이벤트를 통해 검색 결과를 제공하는 방식이 아니라, 특정한 이벤트 없이 하나의 메인 화면에서 사용자의 검색 기능 조작에 따라 동적으로 검색 결과가 표시되는 방식이다. 이는 페이지 이동을 최소화하여 사용자의 웹 항해성(navigability)을 높여줌으로써 결과적으로 시스템의 사용성(usability)을 증대시킬 수 있다.

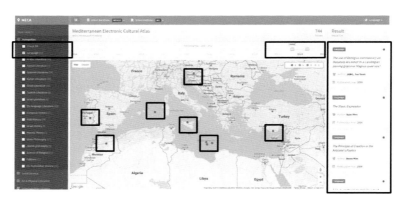

[그림 4-19] 검색 기능 및 검색 결과

지도에 표시된 심볼이나 D 영역의 검색 결과 목록을 선택하는 경우에는 그림 4-20(a)와 같이 논문에 대한 세부정보가 표시된다. 그리고 해당 페이지에서는 그림 4-20(b)와 같이 논문 초록과 관련된 논문 목록을 제공한다. 동일 지역에 다수의 논문이 있는 경우 심볼에 숫자를 표기하여 논문의 개수를 직관적으로 표시한다. 예를 들어 동일한 주제, 시간, 공간정보를 가진 논문의 경우 지도위에 심볼이 겹쳐져서 표시되는 것을 방지하기 위해 두 개 이상의 동일논문의 개수를 숫자를 활용해 심볼로 나타내며 해당 숫자를 선택하면 각 논문의 개별 정보를 제공하는 방식이다.

(a) 논문세부정보   (b) 관련논문

[그림 4-20] 논문 세부정보 및 관련논문 목록

4. 맺음말

본 장에서는 실제 저자들이 이제까지 수행한 전자문화지도에 대한 연구 사례를 중심으로 설명하였다. 세부적으로 해외지역연구를 위한 전자문화지도, 구글어스 기반의 전자문화지도, 연구자 중심의 지중해

전자문화지도 등의 연구를 수행하면서 분석 및 설계 작업이 어떻게 수행되었는지에 대한 내용과 실제 구현 및 활용 방안을 제시하였다. 지면의 한계와 기술적 난이도로 인하여 모든 내용을 담지는 못했지만, 본 연구 사례를 통하여 전자문화지도에 관심이 있는 독자들에게 실제로 전자문화지도가 어떻게 활용될 수 있는 지에 대한 이해를 줄 수 있다. 또한, 전자문화지도에 관심이 많은 연구자들에게는 실제로 연구 수행 과정에서 어떤 내용을 분석해야 하는지, 그리고 무엇을 설계해야 하는지, 그리고 구현을 위해 필요한 정보 기술에 대한 역량을 습득하는데 많은 도움이 될 수 있을 것이다.

2장의 디지털 인문학 시스템 개발 방법에서 인문·지역 전문가와 ICT 전문가나 정보시스템 개발자와의 협업이 무엇보다도 중요하다고 기술하였다. 본 저자들이 다양한 전자문화지도 관련 연구들을 수행하면서 이러한 협업의 중요성을 다시 한 번 더 인식할 수 있었다. 따라서 전자문화지도 구축을 성공적으로 수행하기 위해서는, 먼저 인문·지역 전문가는 무슨 주제를 대상으로 할 것인지, 어떠한 내용을 담을 것인지 등을 고민해야 하며, ICT 전문가나 정보시스템 개발자는 어떤 기술을 활용해야 하는지, 어떻게 설계하고 구현해야 하는 지를 연구해야 한다. 그리고 인문·지역 전문가와 ICT 전문가나 정보시스템 개발자 간의 지속적인 협업을 통하여 서로 간의 연구 내용을 상호 이해할 수 있도록 하는 것이 중요하다는 것을 깨달았다.

5장 사진 콘텐츠 활용 방안[*]

본 장에서는 전자문화지도의 특징 중의 하나인 전시 및 공유 효과를 기반으로 하여 사진 정보 활용을 위한 방안을 제시한다. 세부적으로 사진 콘텐츠를 효과적으로 활용하기 위하여 사진이 단순한 이미지가 아닌 수많은 정보를 담고 있는 객체로 인식하고, 이러한 사진 콘텐츠의 특성을 충분히 반영하기 위하여 전자문화지도라는 도구를 이용한다. 이를 위하여 기존의 사진 전시 방식의 한계를 살펴보고 전자문화지도 시스템을 활용하여 사진을 전시 및 공유하고 사진 콘텐츠를 효율적으로 사용하였을 때 사용자 및 연구자들의 활용성과 편의성에 대해 알아본다.

1. 머리말

인문·지역학 연구에서 정보통신기술과의 융합을 위한 다양한 시도가 이루어지고 있으며, 이와 관련하여 인문 정보학이나 디지털 인문학과 같은 융합 학문 분야가 주목받고 있다.[1] 정보통신기술의 발전은 인문·지역학 연구에도 많은 도움을 주어왔고, 그 연구 방법에 있

---

[*] 이 글은 『예술인문사회융합멀티미디어논문지』 제5권 제2호 2015에 실린 논문 ("전자문화지도 기반 사진 콘텐츠 활용에 관한 연구")을 일부 수정 보완한 것임.

1) 김바로. 2014. "해외 디지털 인문학 동향". 『인문콘텐츠』. 제33호. 인문콘텐츠학회. pp.229-254.

어서도 영향을 미쳐왔다. 그러나 현재처럼 하나의 학문 분야로 연구되어지는 것은 새로운 경향이라고 할 수 있다. 그 중에서도 대표적인 연구 분야로 전자문화지도가 있으며, 국내외적으로 연구 및 구축 작업이 수행되고 있다.

전자문화지도는 전자지도의 개념에 문화라는 요소를 첨부한 것이다. 즉, 문화를 이루는 모든 요소들은 공간값과 시간값을 가지고 있고 이를 지도위에 나타낸 것이 문화지도이고, 이러한 문화지도를 전자화한 것이 전자문화지도이다. 이러한 전자문화지도의 기능을 활용하여 시간과 공간 그리고 주제를 중심으로 사진 콘텐츠를 공유 및 전시하는 도구로 사용 가능하다. 사진 콘텐츠는 많은 정보를 담고 있으며, 어떤 피사체를 촬영하는가에 따라 연구에 중요한 자료가 될 수 있다. 즉, 사진을 효율적으로 구성 및 전시하여 연구자에게 제공함으로써 연구에 많은 도움을 줄 수 있다. 예를 들어, 특정 시기의 건축 양식의 변화에 관한 연구에서 해당 시기에 건축된 특정 지역의 건축물을 피사체로 촬영한 사진들을 건물의 건축 시기와 연계하여 전시한다면 해당 건축 양식의 변화를 시각적으로 파악할 수 있을 것이다. 또한, 특정 연대에 특정한 유물의 분포를 지도위에 시각화함으로써 해당 유물을 사용한 문명의 영향권을 쉽게 파악할 수 있다.

일반적으로 사진 콘텐츠는 다양한 문화 정보들을 시각적으로 표현할 수 있다. 사진은 문화를 표현할 수 있는 다양한 요소들로 구성되어 있으며, 특정한 공간과 특정한 시간을 가진다는 공통점이 있다. 이 특성을 잘 활용할 수 있는 것이 전자문화지도이다. 기존의 사진 전시 방식으로는 사진이 담고 있는 다양한 정보들을 충분히 활용할 수 없으나, 전자문화지도를 통한 전시 방식은 사진에 포함된 많은 정보들을 중심으로 사진을 전시할 수 있다.

2. 기존 관련 사이트

사진 콘텐츠를 활용하기 위한 기존 시스템들은 다음 그림과 같이
웹사이트 기반의 게시판 형태로 사진 콘텐츠를 제공하는 경우가 대
부분이다. 이 방식은 단순 사진전시에는 효과적이지만, 사진이 담고
있는 다양한 정보를 활용하는 것에는 한계가 있다. 즉, 피사체의 형태
유형, 문화 유형 등의 기본 정보 및 변화 정보가 사진 속에 함축되어
있지만, 이러한 정보를 기반으로 사진 콘텐츠를 활용 및 공유하는 데
에는 한계가 있다.

| (a) 구글 사진 검색2) | (b) Shutterstock 사진 검색3) |

[그림 5-1] 기존 사진 전시 방식

전자문화지도를 기반으로한 사진 콘텐츠 전시의 대표적인 사례로
는 미국 예일대학교에서 제작한 Photogrammar 웹사이트4)로 미국의

---

2) http://www.google.co.kr

3) http://www.shutterstock.com

4) http://photogrammar.yale.edu

농업 안정국과 전쟁정보청이 보유한 1935년부터 1945년까지의 17만 장의 사진을 지도 위에 제공하고 있다. 이 사이트에서는 그림 5-2(a)와 같이 시간에 따른 사진 데이터의 양을 지도상에 시각적으로 표현하고 있으며, 사진작가별 검색을 드롭다운 형식으로 제공하고 있다. 또한 그림 5-2(b)와 같이 별도의 페이지에서 상세 검색을 지원한다. Photogrammar 방식은 기존 방식보다는 발전되었으나, 피사체 관련 정보가 미흡하고 유사한 정보를 가진 사진을 선택할 수 없는 한계가 있다.

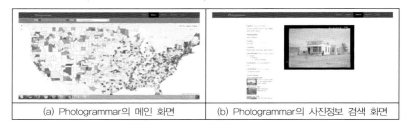

(a) Photogrammar의 메인 화면	(b) Photogrammar의 사진정보 검색 화면

[그림 5-2] 포토그래머 웹사이트

3. 데이터베이스 설계

사진 콘텐츠는 분석을 위한 정보 수집이 제한적인 지역에 대한 정량적 평가를 가능하게 한다.[5] 즉, 사진 콘텐츠에는 위치와 시간 정보, 그리고 피사체의 역사적, 기술적 정보와 시간 변화에 따른 정보 등을 담고 있다. 사진 콘텐츠를 단순 전시하는 것이 아닌, 시간 변화별, 문화 유형별, 형태 유형별로 전시한다면 사진이 가지고 있는 정보를 다양하고 충분하게 활용할 수 있다. 예를 들어, 최근에 중동 지역에서

---

5) 배선학. 2014. "위치 정보와 연계된 사진 서비스를 이용한 중국의 경관자원 분포와 계절별 선호도 분석".『사진지리학회지』. 제24권, 제3호. 한국사진지리학회. pp.29-39.

ISIL(Islamic State of Iraq and the Levant)[6) 무장단체에 의해 파손되거나 파괴된 유적, 유물 등에 대한 정보는 더 이상 얻을 수 없으나, 사진 콘텐츠를 활용하면 현재 존재하지 않는 대상의 정보를 얻을 수 있다. 또한, ISIL 무장단체의 파손 행위에 의해 변화된 건축물의 모습을 확인할 수 있다.

사진 콘텐츠 활용을 위한 시스템 구축을 위하여 먼저 데이터베이스 설계가 필요하다. 데이터베이스에는 사진 콘텐츠 자체의 정보와 피사체의 시간 정보, 형태 유형 정보, 문화 유형 정보 등을 저장해야 한다. 이러한 정보는 사진 콘텐츠의 메타데이터(Metadata)에 해당하는 부분으로 향후 사진 콘텐츠를 공유 및 활용하는데 중요한 부분이다. 기본적으로 사진 콘텐츠를 지도상에 표현하기 위한 공간 정보와 현재의 위치 정보, 사진의 기본 정보인 촬영자, 촬영시기와 피사체의 시간정보, 피사체 정보 그리고 분류를 위한 국가/종교/문명권 등 문화 유형과 형태 유형 분석을 위한 유형 분류 정보 등을 중심으로 메타데이터를 설계한다. 이러한 메타데이터를 중심으로 사진 콘텐츠를 저장하기 위한 데이터베이스 설계를 하였으며, 세부 설계 내용은 다음 그림과 같다.

[그림 5-3] 사진 콘텐츠를 위한 데이터베이스 설계

6) 급진 수니파 무장단체인 이라크-레반트 이슬람국가(ISIL)로 아부 바크로 알바그다디를 지도자로 하며 조직원은 8,000-2만여 명으로 추산된다.

사진 콘텐츠의 메타데이터는 기본적으로 그림 5-3(a)와 같이 공간 정보와 피사체 정보로 구성한다. 공간 정보는 사진 콘텐츠를 전자문화지도 상에 표시하기 위해 필요한 정보로 x, y 좌표로 구성한다. 사진 속의 피사체 정보는 시간 정보, 위치 정보, 유형분류 정보, 문화 분류 정보로 구성한다. 먼저 시간 정보는 시스템의 타임 슬라이드의 조작에 따라 사진의 촬영 시기를 기반으로 데이터의 표현 여부를 결정하는 속성으로, 세부적으로 타임슬라이드에서 시작 시점과 종료 시점을 지정한다. 위치 정보는 사진 속의 피사체가 최초 발견된 장소와 현재 보유 장소를 텍스트 형식으로 저장한다. 마지막으로 형태유형정보 및 문화유형정보는 피사체가 가지는 형태유형분류와 문화유형분류에 대한 정보를 저장한다. 사진 콘텐츠를 위한 데이터베이스 스키마 설계는 그림 5-3(b)와 같다. 사진콘텐츠 엔티티(Entity)는 사진 이미지 파일과 관련 메타데이터를 저장하기 위한 속성들로 정의된다. 그리고 이 엔티티는 형태유형코드와 문화유형코드 엔티티와 각각 관련성을 가지고 있다. 형태유형코드와 문화유형코드 엔티티는 사진 속의 피사체에 대한 형태 유형 정보와 문화유형 정보를 가지고 있다.

사진 콘텐츠의 메타데이터들 중에서 형태 유형과 문화 유형은 향후 사진들의 효과적인 활용 및 공유를 위해서는 매우 중요한 정보이다. 예를 들어, 아프리카에서 발견된 기독교 관련 유물, 유럽에서 발견된 이슬람 관련 건축물 등과 같은 사진을 검색할 때 유용하게 사용될 수 있다. 이를 위하여 형태유형 분류와 문화유형 분류에 대한 분류 기준 및 항목 값을 다음 표와 같이 정의한다. 먼저 형태유형 분류는 2단계로 하여 건축물, 무형/유형 유물, 자연환경을 기준으로 세부 항목들을 표 5-1과 같이 정의한다. 그리고 문화유형 분류는 3단계 구조로 이슬람문화, 기독교문화, 유대교문화, 고대문화와 같은 문화권을 대분류로 하고 아시아, 아프리카, 유럽 지역을 중분류로 하여 세부 항목들을 표 5-2와 같이 정의한다. 메타데이터들 중에서 형태 유형과 문화 유형은 사진 콘텐츠 정보의 체계화를 위한 핵심 항목이다. 그리고 이 유형 정보들은 전자문화지도를 기반으로 검색한 특정 콘텐츠와 유기적인 관계를 가지는 사진 콘텐츠들을 추가로 검색할 때 유용하게 활용된다.

[표 5-1] 형태 유형 분류

대분류	중분류
건축물	주거시설, 종교시설, 요새/성, 왕궁, 무덤, 교육/연구시설, 박물관, 집회장, 기타
무형유물	놀이, 의식, 무용, 연극, 음식, 음악, 기타
유형유물	기록유물, 서화, 공예품, 생활용품, 무기, 부장품, 기타
자연환경	산지, 폭포, 하천, 호수, 평야, 해안, 사막, 기타

[표 5-2] 문화 유형 분류

대분류	중분류	소분류
이슬람문화	아시아, 아프리카, 유럽	예언자, 순니, 시아, 기타
기독교문화	아시아, 아프리카, 유럽	고대, 개신교, 카톨릭, 정교, 기타
유대교문화	아시아, 아프리카, 유럽	고대, 이스라엘 성립 이전/이후, 기타
고대문화	아시아, 아프리카, 유럽	이집트문명, 메소포타미아문명, 로마제국, 고대그리스, 기타

본 장에서 전자문화지도를 기반으로 활용 및 공유하고자 하는 사진 콘텐츠들은 부산외국어대학교 지중해지역원이 다년간 수행한 인문한국지원사업(Humanities Korea, HK)[7]을 통하여 수집한 사진들을 대상으로 한다. 이 사진 콘텐츠들의 대부분이 지중해지역 연구를 위

---

7) 국내 대학 연구소의 연구기반 구축 및 연구역량 강화를 통해 세계적 수준의 인문학 연구소를 육성하는 사업으로, 한국연구재단의 주관 하에 1997년부터 수행되고 있다. (http://hk.nrf.re.kr/)

한 자료이기 때문에 이러한 지역적, 문화적 특성을 고려하여 문화유형 분류의 세부 항목 값들을 결정하였다.

4. 인터페이스 설계

데이터베이스 설계 후에는 사진 콘텐츠를 활용하기 위한 시스템의 사용자 인터페이스를 설계해야 한다. 사용자 인터페이스 구성을 위한 기본 원칙으로 사진 콘텐츠의 접근성, 가독성, 편리성을 최대한 고려하고자 한다. 세부적으로 설계 단계에서 간결하고 직관적인 화면 구성, 메뉴의 체계화, 확장 가능한 카테고리를 개발하여 접근성 및 가독성을 제고한다. 이를 위하여 사진 콘텐츠를 쉽게 공유 및 활용하기 위하여 웹 사이트 기반의 전자문화지도를 고려하고 있으며, 인터페이스를 위한 세부적인 화면 설계는 그림 5-4와 그림 5-5와 같다.

본 사례에서 제시하는 시스템의 메인 화면의 레이아웃 설계는 그림 5-4와 같으며, 세부적으로 ①은 제목 영역, ②는 검색 영역, ③은 시간 영역, ④는 이슈 사진 영역, ⑤는 전자문화지도 출력 영역으로 구성한다. 검색 영역은 형태 유형 및 문화 유형별로 검색하고자 하는 항목을 선택할 수 있으며, 시간 영역은 검색하고자 하는 시기(년도)를 선택할 수 있다. 그리고 검색 영역과 시간 영역에서 사용자가 형태 및 문화 유형값과 시간값을 설정하면 전자문화지도 출력 화면에 해당하는 사진 콘텐츠들이 지도 위에 아이콘이나 심볼로 표시된다.

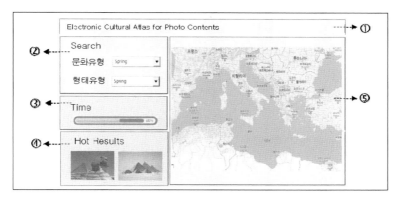

[그림 5-4] 사진 콘텐츠 활용을 위한 전자문화지도 사용자 인터페이스 설계(메인 화면)

이때 전자문화지도 출력 화면에서 지역별 국가별로 출력되는 사진 콘텐츠들의 양을 색이나 농도로 표현하게 하여, 국가나 지역별로 사진 콘텐츠의 빈도를 파악할 수 있게 한다. 지도상에 출력된 아이콘이나 심볼을 사용자가 선택하면 그림 5-5와 같은 검색 화면을 보여준다. 이슈 사진 영역은 본 시스템에서 많이 검색되거나 이슈가 되는 사진들을 보여주는 영역이다. 그리고 본 시스템에서는 전자문화지도 출력 화면이 중요하기 때문에 사용자들이 필요에 따라서 최대한 크게 볼 수 있게 하는 것이 필요하다. 이를 위해서 ②, ③, ④ 영역들을 슬라이딩 방식으로 조정할 수 있게 하였다. 즉, 사용자가 필요에 따라 이 영역들을 슬라이딩 방식으로 펼쳐 보이거나 감추게 할 수 있다.

검색 출력 화면을 위한 레이아웃 설계는 그림 5-5와 같으며, ①은 제목 영역, ②는 요약 정보 영역, ③은 사진 출력 영역, ④는 유사 사진 영역으로 구성한다. 제목 영역은 사용자가 선택한 사진 속에 있는 피사체의 이름, 보유 장소(국가, 지역)를 보여주며, 사진 출력 영역은 해당 사진 콘텐츠의 이미지 파일을 보여준다. 요약 정보 영역은 사진 콘텐츠의 메타데이터 중에서 중요한 항목들을 요약해서 보여준다. 세부적으로 피사체 이름, 보유 장소(국가, 지역), 문화 유형, 형태 유형, 제작 시기, 발견 장소, 제작자 항목을 보여준다. 유사 사진 영역은 현재 검색된 사진 콘텐츠 속의 피사체와 유사한 속성을 가지는 사진 콘텐츠들을 보여주는데, 여러 장의 사진들을 한 번에 볼 수 있게 썸네일(thumb nail) 방식으로 출력한다. 유사 사진들은 기본적으로 사진 속 피사체의 보유 장소(국가, 지역)에 있는 유적이나 유물들에 대한 사진들을 보여준다.

[그림 5-5] 사진 콘텐츠 활용 시스템의 사용자 인터페이스 설계(검색 화면)

이 시스템의 특징은 특정 주제와 공간, 그리고 시간값을 연계하여 검색한 사진 콘텐츠들에 대하여 서로 관련된 속성을 가지는 사진을 검색할 수 있게 하는 것이다. 이를 위해서 검색 화면의 요약 정보 영역에 출력된 메타데이터 속성값에 체크 박스를 두어, 다양한 유기적 관계를 통한 검색이 가능하게 한다. 예를 들어 그림 5-5에 검색된 피라미드 사진에 대하여 문화 유형과 형태 유형뿐만 아니라 피사체 이름, 보유 장소(국가, 지역), 제작 시기, 발견 장소, 제작자와 같은 다양한 검색 기준을 설정하여 원하는 사진 콘텐츠를 검색할 수 있다. 예를 들어, 유적지의 경우에 검색한 유적지와 유사한 시기에 만들어졌거나 제작자가 같은 유적지의 사진 콘텐츠들을 빠르게 검색할 수 있다. 따라서 인문·지역학 연구에서 이 시스템을 이용할 경우에 다양한 연관 관계를 통한 사진 콘텐츠를 검색 및 활용할 수 있으므로 연구에 유용하게 활용될 수 있다. 또한, 일반 사용자들에게도 사진 콘텐츠를 공유하는데 많은 편리함을 제공할 수 있다.

마지막으로 이 시스템에서는 사진콘텐츠 활용에 대한 통계 화면을 제공한다. 세부적으로 문화 유형별, 형태 유형별 등으로 사용자가 검색한 사진 콘텐츠들의 통계를 보여준다. 이를 통하여 실제로 어떤 문화 유형별이나 형태 유형별로 사진 콘텐츠들이 많이 활용되었는지를 분석하는데 도움이 될 수 있다.

5. 맺음말

사진 콘텐츠는 다양한 문화 정보들을 시각적으로 표현할 수 있을뿐만 아니라 사진 자체의 정보 외에도 문화 유형, 관련 역사 등 피사체와 관련된 다양한 정보들이 함축되어 있다. 따라서 전통적인 인문·지역학 연구에서 이러한 사진 콘텐츠의 특성을 적절하게 활용한다면 효과적인 연구 수행이 가능할 것이다. 본 장에서는 문화 관련 사진 콘텐츠들을 인문·지역학 연구에서 효율적으로 사용할 수 있는 시스템 구축을 위하여, 먼저 사진 속의 피사체 정보가 가지는 시간, 위치,

유형 및 문화 분류 정보를 기반으로 메타데이터를 정의하였다. 그리고 이 메타데이터를 기반으로 데이터베이스를 설계하고, 사진 콘텐츠의 활용성을 높일 수 있는 사용자인터페이스를 설계하였다.

본 장에서 제시한 사진 콘텐츠 활용 시스템은 현재 분석 및 설계 단계까지만 진행되어 있고 실제 구현은 되지 않은 상태이다. 향후 연구 환경 및 여건을 고려하여 실제 시스템을 구현할 계획에 있으며, 만약 이 시스템이 구축 완료되어 활용될 경우에는 사진 속에 포함된 다양한 정보들을 활용 및 공유할 수 있어서, 효율적인 연구 수행이 가능할 것이며 일반 사용자들에게도 편리함을 제공 할 수 있을 것이다.

6장 키워드를 활용한 지역연구 동향 분석*

일반적으로 지역학 연구를 수행하는데 있어 연구 동향을 파악하는 것은 매우 중요하다. 그러나 지역학의 연구 분야는 매우 다양하기 때문에, 모든 지역학 연구 분야의 연구가 동시에 진행되는 것은 매우 어렵다. 이로 인해 지역학 연구는 시대에 따라 연구 분야 및 연구 동향이 변화하고 있으며, 지역학의 연구 동향을 이해하려는 관심이 꾸준히 증가되고 있다. 본 장에서는 국내의 지중해지역 연구를 대상으로 하여 동시 출현 키워드를 기반으로 연구 동향을 분석한다. 이를 위하여 국내 지중해지역 연구의 대표 학술지인 『지중해지역연구』에 게재된 논문들을 대상으로 논문 유형 분석 및 키워드를 추출하여 정제 과정을 거쳐 동시 출현 키워드를 생성하였다. 세부적으로 논문의 유형 분석을 통해 기본적인 동향 분석을 수행하였으며, 논문의 동시 출현 키워드를 이용하여 단순 정량 분석보다 심층적인 분석을 수행하고, 동시출현 키워드를 통해 생성된 네트워크 그래프 형태의 시각화를 통해 분석을 수행하였다.

1. 머리말

지역학(Area Studies)은 일정한 지역의 지리나 역사, 문화 등을 종합적으로 연구하는 학문으로, 최근에는 세계 여러 지역과 교류가 이루어지면서 지역학에 대한 관심이 높아지고 있다. 일반적으로 지역학의

---

* 이 글은 『예술인문사회융합멀티미디어논문지』 제6권 제5호 2016에 실린 논문 ("동시 출현 키워드를 활용한 지중해지역 연구 동향 분석")을 일부 수정 보완한 것임.

연구 분야는 매우 다양하며 모든 분야들을 대상으로 동시에 연구를 진행하는 것은 매우 어렵다. 이로 인하여 지역학 연구는 시대에 따라 연구 분야 및 연구 동향이 변화하여 왔으며, 또한 국내에서는 지역학 연구의 연구 동향을 파악하려는 관심이 지속적으로 증가하고 있다. 따라서 국내의 지역학 발전을 위하여 지역학 연구의 동향을 파악하는 것은 매우 중요한 사항이며, 향후 지역학 연구의 방향을 결정하는 데 중요한 역할을 할 수 있을 것이다.

국내 지역학 연구는 세계정세의 급격한 변화에 대처하기 위하여 정부의 지원 하에 크게 발전하고 있는 실정이다. 특히, 한국연구재단의 주관으로 2007년부터 수행된 인문한국(Humanities Korea, HK) 지원사업으로 인하여 해외지역학 연구가 많은 성과를 거두고 있다. 세부적으로 지중해지역, 중남미지역, 동남아지역 등과 관련하여 HK 연구소를 중심으로 지역학 연구가 활발하게 진행되고 있다. 이 중에서 지중해지역원은 지중해 관련 해외지역학 연구를 수행하는 대표적인 연구기관이다. 특히 이 지역원에서 발간하는 『지중해지역연구』는 지중해지역 전반을 연구하는 대표적인 학술지로 국내 지중해지역 연구 발전에 많은 기여를 하고 있다.[1]

본 장에서는 지역학 연구의 동향 파악을 위한 방법을 제시한다. 먼저 국내에서 수행된 지중해지역 연구 동향을 파악하기 위하여, 지중해지역 연구의 대표 학술지인 『지중해지역연구』에 게재된 논문을 대상으로 분석한다. 일반적으로 연구 동향을 파악하기 위하여 관련 논문 전체 내용을 대상으로 분석해야 하지만, 불용어 처리, 과도한 분석

---

1) http://www.ims.or.kr

시간 소요 등의 문제점이 발생한다. 반면에 키워드는 논문의 연구 주제 및 내용을 대표하기 때문에, 키워드 분석을 통한 논문의 연구 동향을 파악하는 것이 효율적일 수 있다.

키워드를 통해 연구 동향을 파악하려는 시도는 일부 학문 분야에서 이루어지고 있으며, 주로 네트워크 분석을 통해서 연구 동향을 파악하고 있다. 그러나 기존 방법들은 네트워크 분석을 하는 과정에서 단일 키워드만을 분석 대상으로 삼고 있기 때문에, 심층적인 연구 동향을 파악하는 데에는 어려움이 있다. 이를 해결하기 위하여 동시 출현 단어를 이용하는 것이 효과적이다. 본 장에서는 『지중해지역연구』에 게재된 논문의 키워드를 기반으로, 동시 출현 키워드를 추출하여 지중해지역 연구 동향을 분석한다. 세부적으로 지중해지역 연구 동향은 논문의 동시 출현 키워드를 이용하여 생성된 네트워크 그래프 형태의 시각화를 통해 수행한다.

2. 동시 출현 키워드 추출 및 분석

지중해지역원이 발간하고 있는 국내 지중해지역 연구의 대표 학술지인 『지중해지역연구』는 1999년 2월부터 2015년 12월까지 46권이 출판되었으며, 총 339편의 논문들이 게재되었다. 먼저 게재된 논문들의 현황 및 유형을 파악하기 위하여 대상 지역별, 논문 주제별, 게재 연도별로 기초 분석한 내용은 다음 그림과 같다. 세부적으로 논문들의 대상 지역별로 보면 유럽, 아랍, 지중해, 이슬람 지역에 편중되어 있으며, 주제별 분석에서는 사회, 문학, 언어, 문화, 정치, 종교, 경제 등 비교적 다양한 주제를 다루고 있음을 알 수 있다.

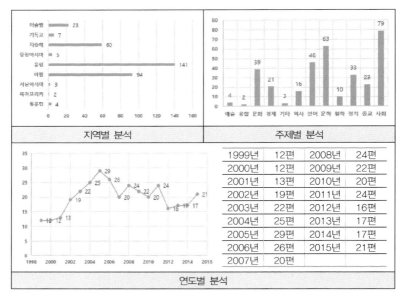

지역별 분석	주제별 분석

1999년	12편	2008년	24편
2000년	12편	2009년	22편
2001년	13편	2010년	20편
2002년	19편	2011년	24편
2003년	22편	2012년	16편
2004년	25편	2013년	17편
2005년	29편	2014년	17편
2006년	26편	2015년	21편
2007년	20편		
연도별 분석			

[그림 6-1] 『지중해지역 연구』기초 분석

일반적으로 논문에 있어서 가장 기본적이며 핵심적인 부분은 키워드와 초록이다. 논문의 초록은 연구 내용의 과정과 결과를 보여주며, 키워드는 이러한 논문의 핵심 내용을 대표하는 부분이다. 따라서 논문의 키워드를 통하여 논문 전반에 대한 연구 주제, 연구 내용 등을 파악할 수 있으므로 논문에서 키워드를 효율적으로 활용하면 연구 동향을 파악하는데 효율적이다. 따라서 국내의 지중해지역의 연구 동향 분석을 위하여 기본적으로 논문의 키워드를 활용할 필요가 있다.

『지중해지역연구』에 게재된 논문들의 키워드를 추출한 결과, 총 키워드 개수는 1,735개로 논문 당 평균 5개 정도였다. 추출된 키워드들을 연구 동향에 바로 활용하기에는 일부 문제가 있으므로, 키워드들에 대한 정제 과정을 먼저 수행하였다. 예를 들어, 키워드들 중에서 Shi'a,

Sunni, Alawi는 모두 이슬람의 종파를 나타내는 키워드이며, 대부분 이슬람 연구에 관한 것이다. 따라서 이 키워드를 그대로 분석에 활용하면 해당 연구가 이슬람과 관련이 있는지 파악이 어렵고 연구 동향이 세분화되기 때문에, 이러한 키워드들을 그룹핑하여 Islam이라는 키워드로 통일시킨다.

동시 출현 키워드(co-appearance keyword) 분석은 두 키워드들이 문헌에서 동시에 출현하였을 때 키워드가 표현한 연구 주제가 서로 관련이 있다고 보는 방법이다.[2] 키워드의 개별적 출현 빈도를 이용한 분석보다는 동시 출현 키워드를 활용한 분석이 연구 동향을 파악하는데 보다 효율적이므로 이 방법을 활용한다. 이를 위하여 먼저 논문의 키워드들을 대상으로 동시 출현 키워드들의 쌍을 추출한다. 다음 표는 추출한 동시 출현 키워드 쌍들 중에서 연도별로 출현 빈도가 가장 높은 상위 3개를 보여준다.

[표 6-1] 『지중해지역 연구』의 동시 출현 키워드(상위 3개)

연도	상위 1		빈도	상위 2		빈도	상위 3		빈도
1999	Language	Arabic	7	Arab	Poem	3	Language	Grammar	2
2000	Islam	Economy	3	Europe	Literature	2	Language	Europe	2
2001	Language	Literature	5	Islam	Culture	3	Islam	Politics	3
2002	Language	Literature	7	Europe	Literature	5	Language	Arabic	4
2003	Mediterranean	Society	6	Mediterranean	Women	4	Mediterranean	Modernization	4
2004	Islam	Women	9	Socialism	Nationalism	4	Society	Europe	3
2005	Arab	War	4	Islam	Civilization	2	Literature	Europe	2
2006	Literature	Arab	5	Literature	Europe	3	Literature	Women	2
2007	Islam	Fundamentalism	3	Islam	Economy	3	Islam	Europe	3
2008	Literature	Mediterranean	5	Mediterranean	Society	5	Fascism	Modernity	4
2009	Arab	FTA	3	EU	Law	3	Language	Grammar	2
2010	Culture	Levant	4	History	Europe	2	EU	Ratification	2
2011	Islam	Christian	5	Mediterranean	Area	5	Mediterranean	History	4
2012	Language	Spain	2	Islam	Jew	2	Mediterranean	Regional	2
2013	Islam	Politics	3	Diaspora	Identity	2	Mediterranean	Immigrant	2
2014	Language	Europe	4	Mediterranean	Religion	4	Islam	Quran	2
2015	Economy	Greek	3	Arabic	Language	3	Mediterranean	Religion	3

2) 김하진, 송민이. 2014. "동시출현단어 분석을 통한 국내외 정보학 학회지 연구동향 파악". 『정보관리학회지』. 제31권, 제1호. 정보관리학회. pp.99-108.

동시 출현 키워드를 통해서 연구 동향을 파악하면 개별 키워드의 단순 정량 분석보다 심층적인 분석이 가능하다. 위의 표에서 2004년 『지중해지역연구』에 게재된 논문의 키워드를 단순 정량 분석하면, 2004년에는 이슬람과 여성에 대한 연구가 많이 이루어졌음을 알 수 있지만 이슬람과 여성에 대한 상관관계를 분석하기가 어렵다. 반면에, 동시 출현 키워드 쌍을 통해서 연구 동향을 파악할 경우에는 2004년 지중해지역 연구에서는 이슬람 여성에 대한 연구가 많이 이루어졌다는 보다 세밀한 분석을 할 수 있다.

　　특정 분야의 연구 동향을 파악할 때에는 5년이나 10년과 같은 일정 년도 범위를 기준으로 하여 수행하는 것이 일반적이다. 본 사례에서는 5년 단위를 기준으로 하여 지중해지역의 연구 동향을 분석하고자 하며, 실제『지중해지역연구』는 2015년 12월까지 17년 동안 발간되었으므로 초기 7년, 이후 5년을 단위로 하여 연구 동향을 파악한다. 초기 발간된『지중해지역연구』의 논문편수가 상대적으로 적기 때문에 초기는 7년을 하나의 단위로 묶어 동향을 파악하였다. 다음 표는 5년 단위를 기준으로 동시 출현 키워드 쌍들 중에서 출현 빈도가 가장 높은 상위 3개를 보여준다.

[표 6-2] 5년 단위를 기준으로 한 『지중해지역 연구』의 동시 출현 키워드(상위 3개)

연도	상위 1		빈도	상위 2		빈도	상위 3		빈도
1999 ~ 2005	Language	Literature	12	Language	Arabic	11	Islam	Women	9
							Europe	Literature	
2006 ~ 2010	Mediterranean	Area	5	Mediterranean	Literature	5	Literature	Arab	5
				Society	Mediterranean		Islam	Christian	
2011 ~ 2015	Mediterranean	Regional	6	Mediterranean	Area	5	Islam	Christian	5

1999년부터 2005년의 『지중해지역연구』는 총 129편의 논문 중에서, 언어에 관한 연구가 27건으로 가장 많았다. 동시 출현 키워드로 분석할 경우 문학 언어가 12건으로 가장 많이 등장하였으며, 아랍어 11건 이슬람 여성과 유럽 문학이 각 9건으로 상위 3개 동시 출현 키워드로 등장하였다. 즉, 『지중해지역연구』의 초기 7년은 문학과 언어에 관한 연구가 주로 이루어졌으며, 이슬람 여성에 대한 연구가 활발하게 진행되었다.

2006년부터 2010년에도 문학에 대한 연구가 많이 진행되었는데 아랍 문학과 유럽 문학, 지중해 문학이 각 5건 여성문학이 2건으로 나타났다. 이와 함께 이슬람에 대한 연구도 많이 진행되었는데, 이슬람 원리주의 3건, 이슬람 경제 3건, 이슬람-유럽 3건, 이슬람 근대화 2건으로 나타났다. 이는 2003년 이라크 전쟁을 통해 아랍과 이슬람에 세계의 관심이 집중된 것과 관련이 있는 것으로 추측된다. 2006년부터 지중해라는 키워드가 새롭게 등장하였다. 지중해를 새로운 연구대상 단위로 인식하기 시작하였다는 것으로 보인다. 상대적으로 2006년부터 2010년까지의 『지중해지역연구』의 동시 출현 키워드는 고르게 분포되어 있었는데, 이는 초기에 비해 지중해지역 연구에 있어 관심 분야가 넓어진 것으로 예상할 수 있다.

2011부터 2015년에는 지중해지역이 주요 키워드로 10건 나타났으며, 지역을 의미하는 Regional과 Area가 각기 6회와 5회 등장하였다. 이와 함께, 이슬람과 기독교 5건, 이슬람 유대교 2건 등 종교에 관한 연구가 진행되었으며, 동시에 지중해 역사 4건, 지중해 이민 2건, 디아스포라-정체성 2건 등 다양한 분야의 연구가 동시에 진행되었다. 이는 지중해를 둘러싼 국가들의 정치적 상황과 관계가 급변함에 따라 다양한 시각으로 지중해를 연구하려는 시도로 여겨진다.

3. 네트워크 그래프를 활용한 시각화 분석

네트워크 분석 기법을 활용하면 네트워크를 구성하는 개체들의 관계나 패턴 등을 시각적으로 분석할 수 있다. 본 사례에서는 『지중해지역연구』의 논문들에서 추출한 동시 출현 키워드를 이용하여 생성된 네트워크 그래프를 통하여 연구 동향을 시각적으로 분석한다. 세부적으로 네트워크 그래프 생성은 오픈 소스 네트워크 분석 및 시각화를 위한 소프트웨어 패키지인 Node-XL[3]을 이용한다.

네트워크 그래프를 활용한 시각화 분석을 위하여 먼저 표 6-1과 같이 『지중해지역연구』에 게재된 전체 논문에서 추출한 동시 출현 키워드를 Node-XL을 이용하여 네트워크 그래프로 표현한 것은 다음 그림과 같으며, 이 그래프는 노드(node) 39개와 에지(edge) 46개로 구성된다. 여기서 키워드는 노드로 표현되며, 각 노드의 크기는 키워드의 출현 빈도를 나타낸다. 그리고 동시 출현 키워드 관계는 노드들 간의 에지로 표현되며, 에지의 굵기는 동시 출현 키워드의 출현 빈도를 나타낸다. 즉, 특정 노드의 크기가 클수록 해당 키워드의 출현 빈도가 높았다는 것을 의미하며, 에지가 굵을수록 해당 키워드 쌍의 출현 빈도가 높았다는 것을 나타낸다. 이 네트워크 그래프는 동시 출현 키워드 쌍의 전체가 아닌 상위 3개의 키워드 쌍을 이용하여 네트워크 그래프를 시각화를 하였기 때문에, 실제로는 더 많은 노드들이 포함될

---

3) http://www.smrfoundation.org/nodexl/

수는 있으나 중심이 되는 키워드는 변하지 않을 것이다.

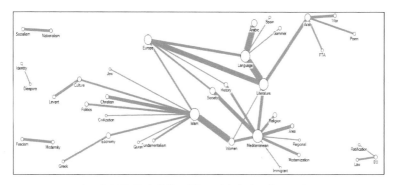

[그림 6-2] 동시 출현 키워드 기반의 네트워크 그래프

상기 네트워크 그래프를 분석해보면 지중해, 이슬람, 문학, 언어, 유럽이 주요 키워드로 등장하며, 이슬람-여성, 문학-언어, 언어-아랍어 등의 동시 출현 키워드가 가장 많이 등장하였음을 시각적으로 파악할 수 있다. 또한, 네트워크 그래프에서는 노드들 간의 연관 관계를 파악할 수 있으므로 이를 통한 연구 동향 분석이 가능하다. 이 그래프를 통하여 대부분의 키워드들은 서로 연관 관계를 가지고 있으나, 일부 키워드들은 개별적으로 떨어져 있음을 알 수 있다. 즉, 사회주의, 국가주의, EU, 법, 파시즘, 근대화 등의 연구들은 다른 연구들과의 연관성 없이 독자적으로 수행되고 있다는 것을 파악할 수 있다.

이 그래프를 세부적으로 분석해보면 이슬람 노드와 지중해 노드가 각각 10개와 9개 노드들과 연결되어 있어서, 다른 키워드들과 가장 많은 연관성이 있음을 파악할 수 있다. 이를 통하여 지중해지역 연구가 이슬람과 지중해 키워드를 중심으로 다양한 분야의 연구가 이루어지고 있음을 알 수 있다. 이슬람 키워드와 관련해서는 기독교-이슬람-여성 관련 연구가 많이 이루어졌고, 지중해 키워드와 관련해서는 사회-지중해-지역 관련 연구가 비교적 많았음을 파악할 수 있다. 문학 키워드도 지중해 및 이슬람과 유사한 빈도를 가지고 있으므로 많은 관련 연구가 있음을 알 수 있다. 반면에 연결된 노드들은 상대적으로 적어서 연구의 다양성이 부족하며, 유럽-문학-언어와 관련된 연구에 집중되어 있음이 시각적으로 드러난다.

세부적인 시각화 분석을 위하여 5년 단위를 기준으로 동시 출현 키워드 쌍들을 추출한 표 6-2의 내용을 대상으로 네트워크 그래프를 생성한다. 먼저 1999년부터 2015년까지의 전체 상위 3개의 동시 출현 키워드를 Node-XL을 이용하여 네트워크 그래프로 표현한 것은 다음 그림과 같으며, 이 네트워크 그래프는 노드 19개와 에지 18개로 구성된다. 이 그래프를 분석하면 언어와 문학이 가장 높은 빈도를 보이고 있으나 연관된 노드 수가 적다. 이를 통하여 언어와 문학과 관련하여 주요 연구가 이루어졌지만 다양한 연구는 이루어지지 않았음을 알 수 있다. 반면에 이슬람 키워드는 빈도는 상대적으로 낮지만 연결된 노드의 수는 많으므로, 이슬람과 관련한 다양한 연구들이 이루어졌음을 알 수 있다. 그리고 대부분의 키워드들은 연관성을 가지지만, 전쟁-아랍-시와 국가주의-사회주의 연구는 다른 노드들과 떨어져 있으므로 개별적으로 연구가 진행되었음을 파악할 수 있다.

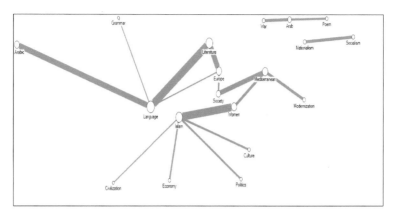

[그림 6-3] 동시 출현 키워드 기반의 네트워크 그래프 (1999년~2005년)

　다음 그림은 2006년부터 2010년까지 게재된 논문들의 동시 출현 키워드를 이용하여 생성한 네트워크 그래프이다. 이 그래프는 노드 20개와 에지 15개로 구성되었으며 초기(1999년~2005년)의 연구 동향에 비하여 문학과 언어의 비중이 낮아지고, 지중해, 유럽, 이슬람 등을 중심으로 다양한 분야로 연구가 확대되었음을 시각적으로 알 수 있다. 즉, 특정한 주제에 대한 연구로 집중되기 보다는 다양한 분야의 연구가 폭넓게 진행되었다. 특히 사회-지중해-문학의 연구가 상대적으로 많이 수행되었음을 파악할 수 있다. 그리고 레반트-문화, 파시즘-근대화, 언어-문법, 승인-EU-법 연구는 다른 연구들과의 연관성이 없으며, 개별적으로 수행되었음을 파악할 수 있다.

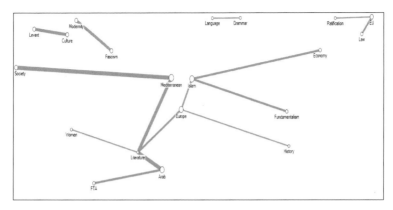

[그림 6-4] 동시 출현 키워드 기반의 네트워크 그래프 (2006년~2010년)

다음 그림은 2011년부터 2015년까지 추출된 동시출현 키워드를 이용하여 생성된 네트워크 그래프로, 노드 19개와 에지 14개로 구성된다. 이 그래프를 기반으로 이전 시기의 연구 동향과 비교해 보았을 때, 지중해, 이슬람, 언어에 관련된 연구가 증가되었음을 알 수 있다. 이전 시기의 연구 동향은 대부분의 키워드들이 서로 연결되어 하나의 군집(clustering)을 이루는 특성을 가지고 있는데 반하여, 이 시기의 연구 동향은 지중해, 이슬람, 언어 키워드를 중심으로 세 개의 군집을 이루는 특징을 가지고 있다. 이를 통하여 이 시기의 지중해지역 연구는 지중해, 이슬람, 언어를 중심으로 3개의 주요 연구 흐름으로 수행되었지만, 서로 연관성 없이 독자적으로 연구가 진행되었음을 알 수 있다. 이 중에서 지중해 관련 연구가 비교적 다양하게 수행되었으며 이 중에서 종교-지중해-지역 연구가 상대적으로 많이 수행되었다. 그리고 그리스-경제, 디아스포라-정체성에 관한 연구는 다른 연구와의 연관성 없이 독자적으로 수행되었다.

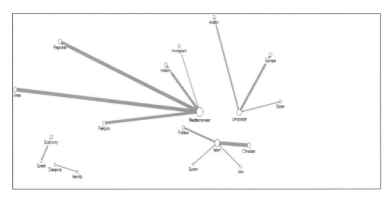

[그림 6-5] 동시 출현 키워드 기반의 네트워크 그래프 (2011년~2015년)

4. 맺는말

본 사례에서는 국내 지역학의 연구 동향을 분석하기 위하여 지중
해지역 연구를 대상으로 동시 출현 키워드 분석을 수행하였다. 세부
적으로 국내의 지중해지역 대표 학술지인 『지중해지역연구』에 게재
된 논문들을 대상으로 키워드를 추출 및 정제한 후에, 동시 출현 키
워드의 출현 빈도를 통하여 분석을 하였다. 또한, 동시 출현 키워드를
이용하여 생성된 네트워크 그래프를 통하여 연구 동향을 시각적으로
분석하였다.

결과적으로 『지중해지역연구』의 게재 논문을 대상으로 지중해지
역의 연구 동향을 파악하였을 때, 지중해를 하나의 연구단위로 인식
하고. 점차적으로 지중해라는 키워드를 중심으로 지중해지역 연구가
진행되고 있음을 알 수 있었다. 반면에, 상대적으로 언어에 대한 연구
에 많이 치중되어 있다는 사실 역시 확인할 수 있었다. 또한, 네트워

크 그래프를 통한 시각적 분석을 통하여 일부 키워드들의 경우에는 다른 키워드들과 동떨어진 경우가 발견되었고, 이를 통하여 각기 연관성이 떨어지는 개별 연구가 진행되고 있다는 것을 파악할 수 있었다. 네트워크 그래프를 통해서 분석할 때 네트워크 그래프의 형태를 통하여 2개나 3개의 노드들 간의 형태와 에지의 굵기와 연결 상태 등을 통한 패턴 분석 또한 가능할 것으로 예상되며, 이를 통해 향후 연구 방향의 진행을 예상해 볼 수도 있을 것이다.

7장 사진 공유 웹사이트를 활용한 관광 영향 분석*

　지중해지역은 다양한 관광자원으로 인하여 매년 전 세계의 수많은 관광객들이 방문하고 있다. 본 장에서는 아랍의 봄 등과 같은 특정 사건이 지중해지역의 관광에 어떻게 영향을 미치는가를 분석한다. 이를 위하여 사진 공유 웹 사이트인 파노라미오에서 추출한 지오태그 사진 데이터를 기반으로 위치 및 시간정보를 추출하여 밀도지도를 제작한다. 그리고 이 밀도지도를 이용하여 특정 사건이 지중해 관광에 미치는 영향을 분석한다. 세부적으로 사진 공유 사이트에서 지중해지역 관련 사진들의 위치 및 시간 정보를 이용하여 데이터베이스를 구축한 후에, GIS 도구를 활용하여 밀도 분석 및 밀도 지도를 생성한다. 그리고 이 밀도 지도를 기반으로 지중해 관광을 아랍의 봄 사건을 기준으로 이전과 진행, 이후로 구분하여 시각적으로 분석한다.

1. 머리말

　기존의 인터넷 환경은 일방적 정보 전달 방식이 대부분이었으나, 최근에는 사용자의 적극적인 참여를 통한 정보의 생산 및 공유가 활성화되고 있다. 이러한 추세의 대표적인 사례가 구글의 파노라미오,

---

* 이 글은 『예술인문사회융합멀티미디어논문지』 제5권 제5호 2015에 실린 논문 ("특정 사건에 따른 지중해관광 영향 분석에 관한 연구 -사진 공유 웹사이트를 기반으로")을 일부 수정 보완한 것임.

플리커 등과 같은 지오태그(geo-tag)나 태그(tag) 기반의 사진공유 웹사이트이다. 이러한 웹사이트는 사용자가 세계 유명 관광지 등에서 디지털 카메라나 스마트폰을 이용하여 직접 촬영한 관광 관련 사진들을 업로드한 후에, 지도를 기반으로 다른 사용자들과 사진 콘텐츠들을 공유한다.

일반적으로 관광 분석은 관광자원의 평가 및 관광자원의 활성화를 위한 기초 작업으로 매우 중요하다. 이러한 관광자원 분석은 일반인 및 전문가를 대상으로 하는 설문조사에 크게 의존하고 있는 실정이다.[1] 그러나 이 방법은 설문지의 내용 구성과 설문 대상자의 선정, 설문 결과의 객관적 평가 등 다양한 변수들을 고려해야 하며, 상대적으로 표본의 수가 적을 뿐만 아니라 충분한 데이터를 수집하는데 물리적 한계가 있기 때문에 분석 결과의 신뢰도가 떨어지는 단점이 있다. 이러한 문제점을 해결하기 위하여 여행자들이 직접 관광지를 여행을 하며 촬영한 사진 콘텐츠들을 공유하는 사진공유 웹사이트를 활용한 관광자원 분석에 관한 연구가 수행되었다.[2]

지중해지역은 문명적으로는 이집트 문명과 메소포타미아 문명의 발상지이며, 종교적으로는 이슬람과 기독교, 지역적으로는 유럽과 아시아 및 북아프리카에 해당되며, 다양한 민족이 거주하며 교류했던 문화의 장이었다. 이러한 지중해지역의 관광자원은 매우 다양하며, 매년 전 세계 수많은 사람이 방문하는 세계 주요 관광지 중의 하나이다.[3] 이러한 지중해지역의 특성을 고려할 때 관광자원 분석의 좋은

---

1) 박명희, 양성우. 2014. "인터넷사진을 활용한 서울 도심부 경관자원 및 조망점 분석". 『서울도시연구』. 제15권, 제1호. 서울연구원. pp.51-68.

2) 배선학. 2010. "웹 2.0 기반의 지리정보를 활용한 경관자원 평가 -구글어스를 사례로-". 『한국사진지리학회지』. 제20권, 제3호. 한국사진지리학회. pp.1-12.

사례가 될 수 있다. 일반적으로 관광자원이 위치한 지역의 상황이나 사건 등에 따라 관광이 활성화되거나 침체될 수 있으므로, 이러한 점은 관광자원 분석의 중요한 고려사항이다. 본 사례에서는 지중해지역을 대상으로 특정 사건(event)이 관광에 얼마나 영향을 미치는지에 대한 분석을 수행한다. 이를 위하여 특정 사건 전후를 기준으로 사진공유 웹사이트에 등록된 사진 콘텐츠를 체계적으로 분석하여, 특정 사건에 따른 관광 영향을 시각적으로 파악한다.

사진공유 웹사이트를 활용한 관광자원 분석은 여행자들이 직접 촬영한 최신 사진 정보들을 다량으로 수집할 수 있으므로, 기존의 설문조사 등을 이용한 관광자원 분석 방법의 한계를 극복할 수 있다. 또한, 특정 사건의 발생을 기점으로 해당 관광지의 실제 등록된 사진들의 양적 분석을 통하여 해당 지역의 방문이 얼마나 늘고 줄었는지를 파악할 수 있다. 세부적으로 본 사례에서는 지중해지역의 특정 사건에 따른 관광자원에 미치는 영향을 파악하기 위하여, 대표적인 사진공유 웹사이트인 구글 파노라미오의 데이터를 기반으로 GIS 도구인 ArcGIS 및 ArcMap[4]을 이용하여 밀도지도를 제작한 후에 그 영향을 시각적으로 파악한다.

2. 관련 사이트

사진공유 웹사이트는 최근에 매우 다양한 방식으로 활용되고 있으

---

3) 이용희, 양정임. 2009. "지중해여행 특성 및 여행상품 개발에 관한 연구". 『관광식음료경영연구』. 제20권, 제1호. 한국관광식음료학회. pp.41-54.

4) www.arcgis.com

며, 대표적인 국내외 웹사이트로는 다음 그림과 같이 네이버의 포토갤러리와 플리커, 구글의 파노라미오 등이 있다. 먼저 국내 사이트인 포토갤러리(photo gallery)[5]는 인기별, 테마별, 사진기종별, 지역별로 사진 서비스를 제공하고 있다. 지역별 서비스를 위하여 국내 지역은 동 단위까지 세밀하게 제공하고 있으나, 해외지역은 국가를 기본 단위로 하고 있어 정확한 위치정보를 파악하는데 어려움이 있다.

| (a) 포토갤러리 | (b) 플리커 | (c) 파노라미오 |

[그림 7-1] 사진공유 커뮤니티 웹사이트

태그 기반의 인터넷 앨범 서비스인 플리커(flickr)[6]는 최신자료, 세계지도, 사진기종별로 사진 서비스를 제공하고 있다. 또한 모든 국가의 동 단위까지 지역구분 단위로 두고 있으며, 촬영 시간 등에 대한 정보를 제공하고 있다. 그리고 기본적으로 태그 기반의 서비스를 제공하기 때문에 업로드한 사용자가 태그 정보를 정확하게 입력해야 한다. 그러나 표준화된 태그 입력 규정이 없기 때문에 사용자가 태그 정보를 누락하거나 잘못된 정보를 입력하는 경우에는 사진 검색에

---

5) www.photo.naver.com

6) www.flickr.com

많은 어려움이 발생할 수 있다. 파노라미오(panoramio)[7]는 구글맵스를 기본으로 하여 지역별, 태그별, 그룹별 사진 서비스를 제공한다. 또한, 사진의 위치좌표와 촬영일자 및 시간, 사용된 카메라 기종 등의 정보를 제공한다. 상대적으로 정확한 위치정보와 시간정보를 제공하고 있으며 지역별 사진을 검색하는데 용이하다.

본 사례에서는 사진공유 웹사이트를 기반으로 지중해지역을 대상으로 특정 사건이 관광에 미치는 영향을 분석한다. 이를 위하여 지중해지역에 큰 영향을 미치고 있는 아랍의 봄이라는 특정 사건을 중심으로, 파노라미오에 등록된 지중해지역의 관광 사진 데이터들을 수집 및 분석한 후에 밀도지도를 제작하여 시각적으로 상관관계를 분석한다.

3. 데이터 수집 및 분석 방안

아랍의 봄(arab spring, الثورة العربية)이라는 시민운동은 2010년 12월에 튀니지의 노점상 청년 사건을 계기로 시작되었으며,[8] 이 사건은 지중해지역 전체에 많은 영향을 미치고 있다. 본 사례에서는 이러한 아랍의 봄이라는 특정 사건이 지중해지역의 관광에 얼마나 많은 영향을 끼쳤는지를 파악하기 위하여, 먼저 대상 지역인 지중해 권역에 대한 분석을 수행한다. 세부적으로 대상지역을 북지중해권역(유럽), 동지중해권역(아시아/유럽), 남지중해권역(북아프리카/아시아)으로 분류한 후에, 북지중해권역에는 포르투갈, 스페인, 프랑스, 이탈리아, 그

---

7) www.panoramio.com
8) 하병주. 2014. "아랍의 봄 발생과 기원의 정치문화적 배경과 정치변동". 『지중해지역연구』. 제16권, 제1호. 지중해지역원. pp.1-19.

리스를, 동지중해권역에는 터키, 시리아, 요르단, 레바논, 이스라엘, 팔레스타인을, 남지중해권역에는 모로코, 알제리, 튀니지, 리비아, 이집트를 포함시킨다. 다음 표는 지중해 관광 영향 분석을 위하여 선정한 대상 지역을 나타낸다.

[표 7-1] 관광분석을 위한 대상지역 선정

권역	국가	지역	비고
북지중해	포르투갈, 스페인, 프랑스, 이탈리아, 그리스	유럽	
동지중해	터키, 시리아, 요르단, 레바논, 이스라엘, 팔레스타인	아시아/유럽	아랍의 봄 발생 지역
남지중해	모로코, 알제리, 튀니지, 리비아, 이집트	북아프리카/아시아	아랍의 봄 발생 지역

아랍의 봄은 아랍 전역에서 동시 발생한 것이 아니라 튀니지로부터 시작되어 도미노처럼 아랍 전 지역으로 확산되었다. 이러한 아랍의 봄 사건은 대부분의 아랍 지역에서는 종결되었으나, 시리아에서는 ISIL(Islamic State of Iraq and the Levant) 사태로까지 발전하게 되었다. 대상 국가들 중에서 시리아를 제외하고는 2011년 11월에 레바논을 마지막으로 사건이 종료되었다. 따라서 아랍의 봄에 따른 관광 영향 분석을 위한 전체 대상 시기를 2009년 12월에서 2012년 11월까지의 3년으로 정하고, 세부적으로 아랍의 봄 사건을 기준으로 발생 이전 (2009.12~2010.11), 진행 중(2010.12~2011.11), 발생 이후(2011.12~2012.11)와 같은 세 시기로 분류한다.

본 사례에서는 아랍의 봄에 따른 관광 영향 분석을 위한 기초 데이터 수집을 위하여 대표적인 사진공유 웹사이트인 파노라미오를 활용한다.

파노라미오는 플리커나 포토갤러리에 비하여 등록된 사진 데이터 수가 상대적으로 많고, 기본적으로 지오태그를 기반으로 서비스되기 때문에 위치를 활용한 분석에 적합한 데이터 확보가 용이하기 때문이다.

아랍의 봄이라는 사건이 지중해 관광에 미치는 영향을 파악하기 위한 전체적인 분석 방안 및 절차는 다음 그림과 같다. 먼저 파노라미오에 등록된 사진 데이터 정보들 중에서 지중해지역에 해당하는 사진 데이터를 파서(parser)를 이용하여 JSON(JavaScript Object Notation)[9] 파일로 추출한 후에 CSV(Comma-Separated Values)[10] 파일로 변환한다. 이 CSV 파일을 대상으로 시간(2009.12~2012.11)을 기준으로 관련 사진 데이터만을 필터링한 후에 ArcGIS 데이터베이스를 구축한다. 마지막으로 ArcMap을 이용하여 MXD[11] 파일을 만든 후에 밀도지도들을 생성한다.

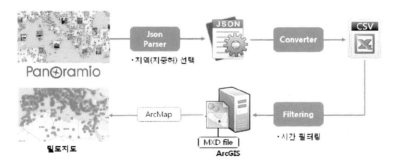

[그림 7-2] 전체적인 분석 방안 및 절차

---

9) 인터넷에서 자료를 주고받을 때 그 자료를 표현하는 방법으로 속성-값 쌍으로 이루어진 데이터 오브젝트를 전달하기 위한 개방형 표준 포맷이다.

10) 몇 가지 필드(속성)를 쉼표(,)로 구분한 텍스트 파일로 스프레드시트나 데이터베이스 소프트웨어에서 많이 사용된다.

11) ArcMap에서 저장하는 파일 형식으로 편집 작업 등의 파일 경로와 편집 환경 등을 저장하고 있다.

지중해지역 관광 영향 분석을 위해서는 사진의 위치 및 시간 정보가 필요한데, 이 정보들을 파노라미오에서 제공하는 지오태그 사진 데이터를 활용한다. 다음 그림은 파노라미오에서 제공하는 지오태그 사진 데이터로 세부적으로 위치정보, 시간정보, 사용자 ID 등과 같은 등록된 사진 관련 정보들, 즉 메타데이터가 저장되어 있다.

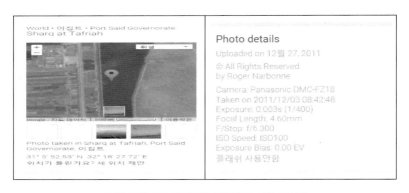

[그림 7-3] 파노라미오의 지오태그 사진 데이터

분석을 위한 기초 데이터는 파노라미오의 지오태그 사진 데이터를 이용하며, 세부적으로 지중해지역에 해당 기간 동안에 촬영되어 파노라미오에 등록된 사진 데이터가 필요하다. 그러나 사진 데이터 중에서 업로드 시간은 실제 사진 촬영 일자와 다를 수 있기 때문에, 촬영 일자를 기준으로 사진 데이터를 추출한다. 이때, 촬영 일자가 없는 사진 데이터는 분석 대상에서 제외한다. 그리고 파노라미오에서는 지도를 기반으로 하여 해당 지역의 사진을 전시하는 기능은 제공하지만, 특정 조건에 부합하는 사진을 제공하는 서비스는 지원하지 않는다. 이를 해결하기 위하여 본 사례에서 파노라미오에서 추출한 사진 데이터를 대상으로 파싱 및 필터링 과정에서 대상 지역과 시간에 맞는 데이터만을 검색한다.

다음 그림은 파노라미오의 사진 데이터를 JSON 파일로 추출하기 위한 JSON 파싱과 생성된 JSON 파일, 그리고 변환된 CSV 파일을 보여준다. 파노라미오에서 제공되는 지오태그 사진 데이터는 전 세계를 대상으로 하므로 데이터 건수가 매우 방대하기 때문에, JSON 파싱을 위한 코드 구현 시에 지중해지역만을 대상으로 지정한다. 이를 통하여 지정한 좌표내의 사진 데이터들에 대해서만 JSON 파일을 생성한다. 그러나 JSON 파일은 단순한 텍스트 파일로 해당 파일에서 필요한 자료를 추출하기가 어렵기 때문에, 변환 모듈(converter)을 이용하여 CSV 파일로 변환하여 엑셀에서 필터링 작업을 수행한다.

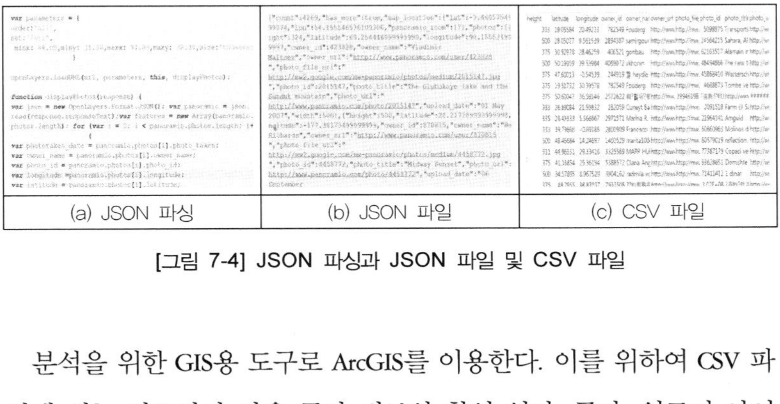

| (a) JSON 파싱 | (b) JSON 파일 | (c) CSV 파일 |

[그림 7-4] JSON 파싱과 JSON 파일 및 CSV 파일

분석을 위한 GIS용 도구로 ArcGIS를 이용한다. 이를 위하여 CSV 파일에 있는 좌표값과 같은 공간 정보와 촬영 일자, 국가, 업로더 아이디 등의 속성 정보를 이용하여 ArcGIS 데이터베이스를 구축한다. 그리고 이 데이터베이스를 기반으로 ArcMap을 활용하여 MXD 파일을 생성한 후에 밀도지도를 출력한다.

4. 아랍의 봄에 따른 지중해 관광 영향 분석

파노라미오에서 지중해지역을 대상으로 등록된 사진 데이터를 아랍의 봄 이전, 진행, 이후시기에 해당하는 데이터를 필터링한 후에 구축한 ArcGIS 데이터베이스의 데이터 현황은 다음 표와 같다. 여기서 사진 수는 파노라미오에 등록된 사진 데이터 건수를, 등록자 수는 파노라미오에 사진을 등록한 사용자 수를 나타낸다. 데이터 현황을 분석해 보면, 아랍의 봄 이전에는 북지중해권역이 다른 지중해 권역에 비하여 많은 관광객들이 여행을 하고 있으며, 동지중해와 남지중해권

[표 7-2] 관광영향 분석을 위한 사진 데이터 구축 현황

(단위: 건, 명)

권역	국가	아랍의 봄 이전 (2009.12~2010.11)		아랍의 봄 진행 (2010.12~2011.11)		아랍의 봄 이후 (2011.12~2012.11)	
		사진 수	등록자 수	사진 수	등록자 수	사진 수	등록자 수
북지중해	포르투갈	9,125	4,591	8,752	4,305	9,154	4,856
	스페인	8,942	4,154	8,463	4,622	13,452	9,416
	프랑스	17,768	6,911	21,569	7,451	28,462	10,904
	이탈리아	13,809	5,448	15,844	5,872	19,548	8,464
	그리스	8,926	3,985	9,495	4,372	10,107	4,551
	소계	58,570	25,089	64,123	26,622	80,723	38,191
동지중해	터키	9,858	3,221	8,884	3,567	5,159	2,942
	시리아	1,544	498	993	285	251	79
	요르단	1,854	509	1,155	348	447	286
	레바논	2,406	679	1,996	516	875	158
	이스라엘	2,482	883	2,249	924	2,588	953
	팔레스타인	231	22	0	0	10	1
	소계	18,375	5,812	15,277	5,640	9,330	4,419
남지중해	모로코	4,829	1,599	955	488	435	319
	알제리	445	31	98	12	15	2
	튀니지	3,357	643	1,481	256	551	233
	리비아	341	18	15	1	11	3
	이집트	7,513	831	3,391	558	1,198	352
	소계	16,485	3,122	5,940	1,315	2,210	909

역은 관광 비중이 거의 비슷하다는 것을 알 수 있다. 아랍의 봄이 발생한 이후의 관광 영향 분석에서는 북지중해권역은 영향을 받지 않고 오히려 관광 비중이 증가하였다. 특히, 아랍의 봄 이후에는 관광 비중이 대폭 증가하였으며, 이를 통하여 북지중해권역의 관광이 아랍의 봄 사건으로 인하여 상대적으로 반사 이익을 얻었음을 유추할 수 있다. 반면에 동지중해권역과 남지중해권역은 아랍의 봄 사건이 발생한 이후에 관광 비중이 줄어들고 있으며, 특히 동지중해권역에 비하여 남지중해권역이 더욱 많은 영향을 받았다는 것을 알 수 있다.

아랍의 봄 사건에 따른 지중해 관광 영향 분석을 시각적으로 심도 있게 분석하기 위하여 ArcMap을 이용하여 밀도지도(density map)[12]를 생성한다. 세부적으로 아랍의 봄 사건을 기준으로 이전, 진행, 이후로 구분하여 각각 밀도지도를 생성하였으며, 밀도지도 생성을 위한 기준 거리는 1*km*로 설정하였다. 이것은 지중해 관광 사진이 등록된 지점을 기준으로 1*km* 범위까지는 관광객의 여행 범위로 간주한다. 다음 그림은 아랍의 봄 사건이 지중해 관광에 미친 영향을 분석하기 위하여 ArcMap을 이용하여 생성한 밀도지도들을 보여준다.

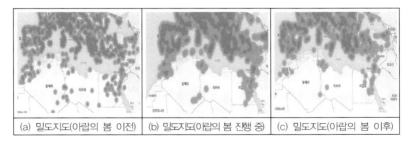

| (a) 밀도지도(아랍의 봄 이전) | (b) 밀도지도(아랍의 봄 진행 중) | (c) 밀도지도(아랍의 봄 이후) |

[그림 7-5] 지중해 관광 영향 분석을 위한 밀도지도

---

12) 어떤 지점의 현상에 대하여 측정한 수량(예를 들어 인구 수, 상가 수 등)을 나타낸 지도이다.

밀도지도를 이용하여 시각적으로 분석하면, 그림 7-5(a)와 같이 아랍의 봄 이전에는 북지중해권역이 다른 지중해권역에 비하여 많은 사진들이 등록되어 있고, 또한 골고루 분포되어 있음을 확인할 수 있다. 반면에 동지중해와 남지중해권역에는 등록된 사진들의 수도 상대적으로 적을 뿐만 아니라 일정 지역에 편중되어 있음을 알 수 있다. 이를 통하여 동지중해와 남지중해권역의 관광은 특정 지역에 치중되어 있음을 파악할 수 있다.

아랍의 봄이 진행 중인 기간에는 그림 7-5(b)와 같이 북지중해권역에 등록된 사진 데이터수가 증가했을 뿐만 아니라 전체적으로 사진의 분포 영역이 늘었다. 반면에 남지중해권역의 경우에는 등록된 사진 데이터 수가 큰 폭으로 줄었고, 사진 등록 지점이 일부 지역에 편중되는 현상이 심해졌음을 알 수 있다. 이는 남지중해권역의 경우에는 관광 자원을 중심으로 도시가 형성된 경우가 많고, 아랍의 봄이 인구 밀집 지역인 도시를 중심으로 진행되면서 관광객들의 방문이 어려워졌기 때문으로 추정된다. 특히, 이집트의 경우에는 아랍의 봄이 진행 중인 기간에는 리비아 국경 근처의 사막 쪽에는 사진의 등록이 전혀 없음을 확인 할 수 있다. 동지중해권역의 경우에도 등록된 사진 수가 줄었지만, 사진의 분포 영역은 크게 영향을 받지 않고 소폭이지만 증가되었음을 알 수 있다. 이는 상대적으로 동지중해권역의 아랍의 봄 사건의 발생이 늦었기 때문으로 추정된다.

아랍의 봄 이후에는 그림 7-5(c)와 같이 남지중해와 동지중해권역 일부 지역의 경우에는 사진 등록이 대폭 감소하거나 전무하였는데, 이는 아랍의 봄 이후에도 치안 불안정 등의 이유로 관광객들이 관광을 기피했기 때문으로 추정된다. 북지중해권역의 경우에는 전혀 영향을 받지 않고 오히려 사진 등록 빈도 및 분포 영역이 크게 증가하였음을 알 수 있다. 이것은 아랍의 봄 이후에 남지중해 및 동지중해의 관광 수요를 흡수했기 때문으로 파악된다. 동지중해권역의 경우에는 큰 차이는 없지만 사진 등록 빈도 및 영역은 다소 감소하였음을 알 수 있다. 그러나 동지중해권역의 국가 중에서 이스라엘과 터키의 경우에는 아랍의 봄의 영향을 상대적으로 적게 받아 전체적인 데이터 수가 크게 변함이 없었음을 확인할 수 있다.

아랍의 봄에 가장 많이 영향을 받은 남지중해권역을 심층적으로 분석하기 위한 밀도지도는 다음 그림과 같다.

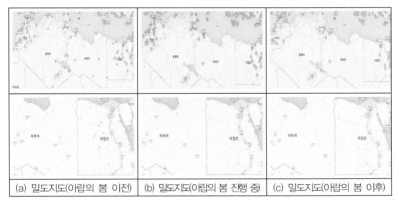

[그림 7-6] 남지중해권역 관광 영향 분석을 위한 밀도지도

아랍의 봄 이전에는 그림 7-6(a)와 같이 남지중해권역의 국가들 중에서 모로코, 튀니지, 이집트는 사진 등록 수가 많고 분포 영역이 넓은 반면에, 알제리와 리비아는 상대적으로 등록된 사진 수가 적고 일부 지역에 편중되어 있다. 아랍의 봄이 진행되는 기간에는 그림 7-6(b)

와 같이 알제리와 리비아의 등록 사진 수가 급감할 뿐만 아니라, 일부 지역에서는 사진 등록이 없어진 경우도 있다. 이를 통하여 아랍의 봄 사건은 알제리와 리비아의 관광에 심각한 영향을 끼쳤음을 알 수 있다. 이집트의 경우에는 리비아의 국경과 인접한 지역의 관광지에 사진 등록 빈도가 큰 폭으로 감소하였으므로 아랍의 봄이 이집트 관광에 영향을 미쳤음을 알 수 있다.

아랍의 봄 이후에는 그림 7-6(c)와 같이 알제리와 리비아의 경우에는 사진 등록 빈도가 지속적으로 감소함을 알 수 있고, 이를 통하여 아랍의 봄 사건으로 인한 치안 불안 등이 지속적으로 관광에 나쁜 영향을 미치고 있음을 추정할 수 있다. 이집트의 경우에도 리비아 국경 근처의 관광은 회복되지 않은 상태가 지속되고 있을 뿐만 아니라 이집트 내륙 관광지에도 등록 사진 빈도가 많이 감소하였고 분포 영역도 축소되었음을 알 수 있다. 결과적으로 아랍의 봄 사건 이후에도 이집트 관광에 많은 영향을 끼치고 있음을 알 수 있다.

5. 맺음말

본 사례에서는 아랍의 봄이라는 특정 사건이 지중해 지역 관광에 미치는 영향을 분석하기 위하여 파노라미오에 등록된 지오태그 사진 데이터를 기반으로 ArcGIS 및 ArcMap을 이용하여 밀도지도를 생성한 후에, 이 밀도지도를 이용하여 관광 영향 분석을 수행하였다. 이를 통하여 관광은 해당 지역의 특정 사건 등과 같은 주변 상황에 많은 영향을 받으며, 그 영향은 자국 내에서 발생한 상황이 아니더라도 주변 국에 영향을 미친다는 것을 시각적으로 확인하였다. 이러한 밀도지도 기반의 빈도 분석 방안은 기존 설문조사 방식보다 많은 자료를 활용할 수 있고, 여행자가 촬영 및 등록한 최신 사진 정보들을 직접 이용하기 때문에 실시간으로 자료를 취합할 수 있다는 이점과 함께 밀도지도로 제작함으로써 시각적으로 변화를 쉽게 파악할 수 있었다.

밀도지도를 이용한 관광 영향 분석의 신뢰성을 높이기 위해서는 가급적이면 많은 데이터를 수집 및 분석하는 것이 필요하다. 이를 위하여 파노라미오 이외의 다른 사진 공유 웹사이트들의 데이터를 추가로 수집하여야만 충분히 신뢰할 수 있는 데이터가 될 것으로 예상한다. 또한, 관광 영향 분석을 체계화하기 위해서 기존 밀도지도 이외에 레이어 중첩 기능을 추가하여 데이터 빈도 변화를 시각적으로 쉽게 이해하면서 원인까지 함께 파악할 수 있도록 하는 것이 필요하다.

8장 주제별 중첩 기능을 활용한 전자문화지도 시스템 구축*

　　최근 전자문화지도에 대한 관심이 늘어나면서 다양한 주제를 기반으로 한 전자문화지도 시스템들이 연구 및 개발되고 있다. 그러나 기존의 전자문화지도들은 대부분 단일 주제를 기반으로 구축되므로, 주제들 간의 연관성 분석이 어렵고 주제들이 서로 연계되지 않아 다양한 관점을 기반으로 한 활용이 미흡하다. 본 사례에서는 이러한 문제점을 해결하기 위하여 전자문화지도에 레이어 기능을 활용하여 다양한 주제들을 표현하는 방안을 제시한다. 또한, 전자문화지도에서의 주제별 중첩 기능을 활용하여 주제들 간의 연계 관계를 효율적으로 파악하고 다양한 주제들의 관계를 통해 지식을 도출할 수 있는 방안에 대해 설명한다.

1. 머리말

　　현재 학문 간의 융합 연구가 다양하게 진행되고 있다. 전혀 무관할 것이라 생각되어져 왔던 정보기술학과 인문·지역학 역시 융합을 시도하고 있으며, 그 대표적인 사례로 전자문화지도가 대두되고 있다.

---

* 이 글은 『예술인문사회융합멀티미디어논문지』 제5권 제3호 2015에 실린 논문 ("주제별 중첩 기능을 활용한 전자문화지도에 관한 연구- 이스라엘 팔레스타인을 중심으로")을 일부 수정 보완한 것임.

정보통신기술의 발전은 인문・지역학 연구에도 많은 도움을 주어왔고, 그 연구 방법에 있어서도 영향을 미쳐왔다. 그러나 현재와 같이 하나의 학문분야처럼 연구되어지는 것은 새로운 경향이라고 할 수 있다. 기존의 전자문화지도는 대부분이 단일 주제를 중심으로 구축되어 연구 결과 공유 및 확산에 이용되고 있다. 그러나 이러한 단일주제 방식의 전자문화지도는 이스라엘・팔레스타인 분쟁사 등과 같이 다양한 주제와 요인들이 복합된 연구에 활용하는 데에는 한계가 있으므로, 다른 형태의 전자문화지도에 대한 구상이 필요하다.

과거나 현재에서 학문을 연구하는 방법은 크게 변하지 않았다. 관련 도서나 논문, 인터넷 등을 통해 관련 자료를 찾는 방법이 대부분이라는 것이다. 이 방법이 잘못되었다는 것이 아니라, 정보통신기술 등의 비약적인 발전이 있었음에도 불구하고 기존의 연구 방법으로 수행하는 것은 연구 수행적인 측면에서는 비효율적일 수 있다는 것이다.[1] 전통적으로 인문・지역학 연구를 수행할 때 수많은 관련 주제들을 분석하는 것이 일반적이다. 그리고 이러한 주제들의 분석 과정에서 도서, 학술지 등의 자료들을 대상으로 수행하기 때문에, 분석에 많은 어려움과 한계가 있었다.

본 사례에서는 앞에서 기술한 문제점을 해결하기 위하여 전자문화지도에서 주제별 중첩 기능을 활용하는 방안을 제시한다. 먼저 전자문화지도를 주제별로 해당하는 레이어들을 각각 구축하게 되면, 필요 시 다양한 주제들과 관련 문화 정보들을 중첩하여 연구자가 원하는 지도를 생성 및 제공할 수 있다. 세부적으로 주제별 중첩 기능을 제

---

1) 강지훈, 문상호, 유영중. 2013. "해외지역연구를 위한 전자문화지도의 설계 및 구현". 『한국정보통신학회논문지』. 제17권, 제5호. 한국정보통신학회. pp.1174-1180.

공하는 전자문화지도에서는 연구자는 시각적 정보를 얻을 수 있을 뿐만 아니라, 새로운 지식 습득을 위한 분석 도구로도 활용할 수가 있다. 그리고 인문·지역학에서 전자문화지도의 주제별 중첩 기능을 활용하면 연구 대상에 대한 효과적인 분석이 가능하므로 연구 수행에 많은 도움을 줄 수 있다.

본 장에서는 주제별 중첩 기능을 활용한 전자문화지도의 설계 및 구현을 위한 구체적인 사례로 이스라엘·팔레스타인 간 국제적 및 지리적 관계를 대상으로 한다. 이스라엘·팔레스타인은 과거부터 현재에 이르기까지 다양한 요인에 따른 국가 간 충돌과 문제점을 가지고 있다.[2] 이러한 다양한 요인들을 주제 레이어로 표현하여 레이어들 간의 중첩을 통해 새로운 지식 발견이나 효율적인 분석이 가능할 것이다.

2. 주제별 중첩 기능을 가진 전자문화지도 구축

기존의 전자문화지도는 종이 지도와 같이 하나의 주제를 중심으로 구축하는 경우가 일반적이지만, 이 방식은 사용자가 많은 정보들을 원하는 경우에는 관련된 전자문화지도들을 한번에 모두 분석해야 하는 어려움이 있다. 이러한 문제점을 해결하기 위하여, 본 사례에서는 개별 주제별로 레이어들을 각각 구축하여, 사용자가 원하는 주제별 레이어들을 선택 및 중첩하여 제공할 수 있는 전자문화지도 시스템을 구축한다.

---

2) Segal R. and Weizman E. 2003. *A Civilian Occupation: The Politics of Israeli Architecture.* Verso.

본 전자문화지도 시스템에서의 주제별 중첩 기능을 활용하기 위한 대상으로 이스라엘·팔레스타인 분쟁을 설정하였으며, 이는 이스라엘·팔레스타인이 현재까지 전 세계적으로 많은 충돌과 다양한 문제점을 가지고 있기 때문에 중첩 기능 활용에 적합하다고 판단되기 때문이다. 먼저 이스라엘·팔레스타인 분쟁사를 위한 전자문화지도 시스템의 설계를 위하여, 주제별 레이어들을 설정한다. 이 부분은 이스라엘·팔레스타인 분쟁사 관련 문헌, 논문 등을 분석한 후에, 다음 표와 같이 6개의 레이어들을 선정 및 설계하였다. 이와 더불어 주제별 중첩 기능을 검증하기 위하여 선정된 레이어들을 대상으로 활용 방안을 분석하였다. 세부적으로 다음 표와 같이 6개의 중첩 사례를 중심으로 주제별 중첩 기능을 분석한 결과 효과가 있는 것으로 파악되었다. 예를 들어, 주제별 중첩 결과 분석을 통하여 팔레스타인 무장단체의 공격 지점의 변화가 이스라엘의 자원 활용 이후인지, 이스라엘의 정착촌 형성이 국경선의 확정 이후인지 등에 대한 파악을 시각적으로 할 수 있었다. 이스라엘·팔레스타인의 국경변화, 정착촌의 변화, 자원의 독점, 팔레스타인 무장단체의 공격 등을 분석하기 위하여 기존 연구 방법을 이용하면, 그 흐름의 변화를 이해하고 다른 요소들과의 연관관계를 분석하기 위해서 많은 자료를 찾아야 하는 어려움이 있다. 즉, 연관관계 분석을 위하여 많은 시간과 노력이 들어야 한다. 따라서 시간의 흐름에 따른 변화를 이해하고, 다른 요소들과의 연관관계를 이해하기 위해 전자문화지도의 주제별 중첩 기능을 이용하면 시각적으로 보다 쉽게 분석할 수 있어서 효과적이다.

[표 8-1] 레이어 선정 및 주제별 중첩 예시

주제별 레이어	주제별 중첩 예시	
	중첩	중첩결과 분석
A. 팔레스타인무장 단체 공격 B. 이스라엘·팔레 스타인 국경선 C. 이스라엘 정착촌 D. 석유자원 E. 수자원 F. 천연가스 수송관	A+D+F	이스라엘 무장단체의 공격은 자원 매장지를 중심으로 이루어짐
	B+C	이스라엘 정착촌이 팔레스타인 국경선내에 위치함
	B+D+E+F	이스라엘은 팔레스타인 국경선내의 자원 매장지를 활용 하고 있음
	A+C	이스라엘 정착촌에 대한 팔레스타인 무장단체의 직접적 인 공격은 없음
	B+E	수자원의 대부분이 이스라엘에 위치하고 있음

　　주제별 중첩기능을 활용한 전자문화지도 시스템의 구축을 위해서는 전자문화지도에서 사용되는 레이어들에 대한 세부 설계가 필요하다. 레이어의 설계는 위에서 언급한 각 주제를 중심으로 설계를 하며, 세부적으로 각 주제에 해당하는 팔레스타인무장단체 공격, 이스라엘·팔레스타인 국경선, 이스라엘 정착촌, 석유자원, 수자원, 천연가스 수송관은 레이어 명이 되고, 각 레이어별로 필요한 시간정보, 공간정보, 주제정보를 표현하기 위한 속성들을 정의한다. 전체적인 레이어 정의 및 설계 내용은 다음 표와 같다. 각 레이어에 기본적으로 필요한 공통속성은 id, x_locat, y_locat, start, end, seq이며, 여기서 x_locat와 y_locat는 공간정보를 위한 속성이고 start와 end는 시간정보를 표현하기 위한 속성이다. 그리고 각 레이어의 개별 속성들은 레이어가 표현하는 주제정보에 부합하게 정의한다. 예를 들어, 천연가스 수송관 레이어에는 수송량과 경제가치를 나타내는 속성들을 정의하였다.

[표 8-2] 이스라엘·팔레스타인 분쟁 전자문화지도 시스템을 위한 레이어 정의 및 설계

레이어명	주제	공간 타입	속성	공통속성
pla_attack	팔레스타인 무장 단체 공격	점(point)	dead(사상자), place_name(장소), type(공격유형)	id, x_locat, y_locat, start, end, seq
border_line	국경선	면(area)	reason(근거/사유)	
isr_settle	이스라엘 정착촌	점(point)	population(인구), size(m^3)	
oil_res	석유자원	점(point)	barrel(배럴), money(경제가치)	
water_res	수자원	면(area)	ton(톤), usefor(사용처)	
gas_line	천연가스 수송관	선(line)	size(수송량), money(경제가치)	

　본 사례에서 구현한 주제별 중첩 기능을 활용한 전자문화지도 시스템의 인터페이스를 위한 기본 레이아웃은 다음 그림과 같다. ①은 주제별 레이어들을 선택하는 영역으로, 체크박스 형태로 선택할 수 있어 특정 주제뿐만 아니라 여러 주제들을 중첩하여 출력할 수도 있다. ②와 ③은 시간 설정 영역으로, ②는 1년 단위로 ③은 10년 단위로 설정이 가능하다. ④는 전자문화지도 출력 영역으로, 사용자가 특

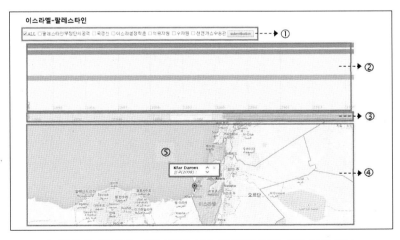

[그림 8-1] 이스라엘·팔레스타인 분쟁 전자문화지도를 위한 인터페이스

정 레이어를 선택한 후에 년도를 설정하면 해당되는 전자문화지도가 출력된다. 마지막으로 출력된 전자문화지도의 특정 아이콘을 사용자가 클릭하면 ⑤와 같이 세부적인 내용이 화면상에 표시된다.

일반적으로 전자문화지도의 제작 유형은 타임맵 기반의 전자문화지도, 구글맵스/구글어스 기반의 전자문화지도, 자체 제작한 전자문화지도로 분류된다.3) 본 사례에서는 중첩 기능을 활용한 전자문화지도 시스템을 구현하기 위하여 구글맵스를 베이스맵으로 활용하였고 HTML5를 이용하여 웹 사이트를 구축하였다. 세부적으로 MySQL을 활용하며 데이터베이스를 구축하였으며, 데이터베이스 연동을 위해 PHP를 사용하였고, 주요 기능은 구글맵스의 timemap 라이브러리를 통해 구현하였다. 먼저 전자문화지도를 위한 데이터베이스 구축을 위하여 이스라엘·팔레스타인 분쟁사 관련 문헌, 논문 등으로부터 정보를 수집 및 분석하여 엑셀 파일로 구성하였다. 이때 각 데이터의 공간속성을 위하여 해당 좌표 값은 구글어스를 통해 KML(Keyhole Markup Language) 파일로 저장하였다. KML 파일에는 점, 선, 면 등 사용자가 지정한 좌표값이 표기되어 있어 공간 좌표를 쉽게 얻을 수 있다. 엑셀 파일 구성이 완료된 후에 MySQL의 가져오기(import) 기능을 이용하여 데이터베이스 구축을 완료하였다.

데이터베이스 구축이 완료된 후에 전자문화지도를 구현하기 위하여 구글맵스 API를 활용하였고 데이터베이스 연동을 위해 PHP를 이용하였다. 구글맵스 API는 지도의 확대/축소, 이동, 좌표 표시, 데이터 선택 등의 기본 기능은 제공하지만, 전자문화지도 구현을 위한 타임

---

3) 문상호. 2014. "전자문화지도에 대한 비교연구". 『한국정보통신학회논문지』. 제18권, 제9호. 한국정보통신학회. pp.2161-2168.

슬라이스 기능과 주제별 선택 기능은 제공하지 않는다. 따라서 타임 슬라이스 기능의 구현을 위하여 구글맵스 API의 기본 레이아웃에 Google Code Timemap의 추가 기능을 활용하였으며, 주제별 선택 기능 은 HTML5의 셀렉트 박스(select box) 기능과 자바 스크립트를 활용하 여 구현하였다.

구글지도는 기본적으로 지도 위에 마크업을 생성하기 위한 언어로 KML과 XML을 사용한다. 따라서 데이터베이스에 정보를 지도 위에 표현하기 위해서는 데이터를 KML, XML 등의 언어로 변환하는 과정 이 필요하다. 이를 위하여 전자문화지도가 로딩할 때마다 새롭게 데 이터베이스의 정보를 불러와 XML 파일을 생성하도록 구현하였다. 세부적으로 데이터베이스에 연결한 이후에 이전에 생성된 XML 파일 을 unlink 명령을 이용하여 삭제한 후에 새로운 XML 파일을 생성한 다. 구현된 전자문화지도 시스템의 전체 구성도는 다음 그림과 같다.

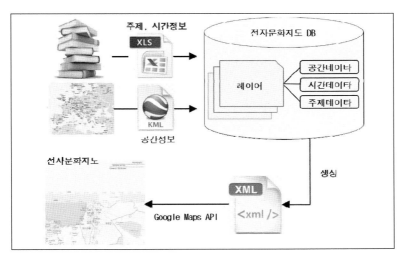

[그림 8-2] 전자문화지도 시스템의 전체 구성도

3. 주제별 중첩 기능을 활용한 분석

이스라엘·팔레스타인 분쟁 전자문화지도의 중첩기능을 활용하여 새로운 분석이 가능하다. 그림 8-3(a)는 이스라엘 정착촌 레이어를 단일 선택하여 출력한 것으로 현재 남아 있는 자료로는 가자지구의 카파르나움(kfar darom)이 가장 오래된 이스라엘 정착촌이며 정착촌의 수는 많지 않았음을 알 수 있다.[4] 그림 8-3(b)는 이스라엘 정착촌 레이어를 단일 선택하여 1980년대로 시간대를 지정한 것으로 이를 통해 1980년대에 이스라엘 정착촌의 수가 급증하였음을 시각적으로 알 수 있다.

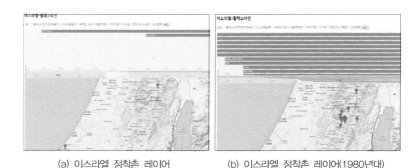

(a) 이스라엘 정착촌 레이어   (b) 이스라엘 정착촌 레이어(1980년대)

[그림 8-3] 이스라엘 정착촌 레이어 출력

그림 8-4(a)는 이스라엘 정착촌과 팔레스타인 무장단체의 공격 레이어를 중첩한 것으로 이스라엘 정착촌이 급증하면서 최초의 팔레스타인 무장단체의 자살폭탄 테러가 발생하였고, 이를 통해 이스라엘

---

4) 홍미정. 2004. 『팔레스타인 땅, 이스라엘 정착촌』. 서경.

정착촌이 팔레스타인 무장단체를 자극했을 가능성이 있음을 추측할
수 있다. 그림 8-4(b)는 2000년대의 팔레스타인 무장단체의 공격과 이
스라엘의 정착촌 주제별 레이어를 중첩시킨 것으로, 가자지구의 카르
프두룸 이스라엘 정착촌이 해체되었음에도 해당 지역 주변에 공격이
계속 되었음을 확인할 수 있다.

그림 8-4(a)와 (b)의 중첩 지도만으로는 팔레스타인 무장단체의 공
격 패턴 분석이 어렵다. 이를 해결하기 위하여 새로운 레이어를 중첩
할 필요가 있다. 그래서 천연가스 수송관 레이어를 추가로 중첩하였
으며, 중첩 결과 화면은 그림 8-4(c)와 같다. 이를 분석하면, 팔레스타

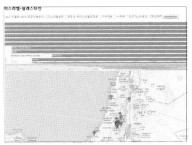

(a) 이스라엘 정착촌
팔레스타인 무장단체 공격

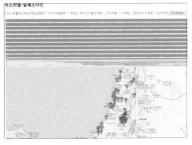

(b) 이스라엘 정착촌 팔레스타인 무장단체
공격(2000년대)

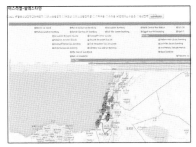

(c) 천연가스 수송관 중첩 출력

[그림 8-4] 이스라엘 정착촌 - 팔레스타인 무장단체 공격 - 천연가스 수송관 중첩 출력

인 무장단체의 공격이 이스라엘 정착촌뿐만 아니라 이스라엘의 천연가스 수송관과도 일치하는 모습을 보여준다. 이를 통하여 팔레스타인 무장단체는 주로 이스라엘의 천연가스 수송관 역시 테러 목표로 지정하고 있음을 알 수 있다. 이와 같이 여러 주제별 레이어들을 중첩할수록 이전의 지도에서는 알 수 없었던 사실을 시각적으로 분석이 가능해지므로 사용자의 조작에 의해서 새로운 지식을 찾는데 도움이 될 수 있을 것이다.

이스라엘·팔레스타인 분쟁 전자문화지도를 활용한 다른 분석으로는 이스라엘 정착촌과 팔레스타인 국경선 간의 상관 관계를 파악할 수 있다. 이를 위하여 먼저 전자문화지도 시스템에서 이스라엘 정착촌 레이어와 국경선 레이어를 중첩하고 시기를 1947년으로 설정하여 출력한 결과는 그림8-5(a)와 같다. 이를 분석해보면 1944년 이스라엘이 성립하기 이전부터 이스라엘 정착촌이 팔레스타인 지역에 존재하고 있음을 알 수 있으며, 이를 통하여 국가 성립 이전부터 유대인들이 현 이스라엘 지역에 거주하려 했음을 알 수 있다. 세부적으로 이스라엘 정착촌과 국경선 레이어가 중첩된 지도에서 시기별 연관 관계를 분석하기 위하여, 전자문화지도의 타임슬라이스를 1967년으

 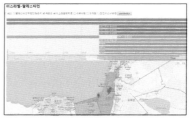

(a) 이스라엘 정착촌 - 국경선 중첩(1947년)　　(b) 이스라엘 정착촌 - 국경선 중첩(1967년)

[그림 8-5] 이스라엘 정착촌 - 국경선 중첩 출력

로 조절한 화면은 그림 8-5(b)와 같다. 이를 분석하면 1947년 이후로부터 정체되었던 정착촌 건설이, 1967년 제3차 중동 전쟁의 발발 시점 이후로 가속화됨을 알 수 있다.

　다른 분석 유형으로는 이스라엘과 팔레스타인 내의 자원 매장지 활용의 상관 관계가 있다. 이를 위해서 먼저 국경선 레이어와 이스라엘 국적의 석유자원 레이어를 중첩하여 출력하며 결과는 그림 8-6(a)와 같다. 이 중첩 지도를 분석하면 1990년 이후에 이스라엘은 팔레스타인 지역 내의 Attrat um ghudran의 석유자원을 사용하고 있음을 파악할 수 있다. 마지막으로 이스라엘 팔레스타인의 수자원 상관관계 분석을 위하여, 국경선 레이어와 수자원 레이어를 중첩한 것으로 결과는 그림 8-6(b)와 같다. 이 지도를 분석하면 이스라엘은 팔레스타인으로의 수자원 유입을 막고 있으며, 팔레스타인 인근의 수자원 역시 자국 내로 끌어가고 있음을 확인할 수 있다.

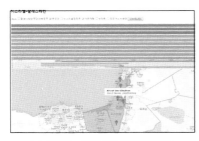
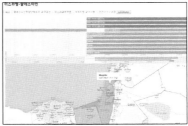

(a) 국경선 - 석유자원 중첩(1992년)　　　　(b) 국경선 - 수자원 중첩

[그림 8-6] 국경선 - 석유자원 - 수자원 중첩 출력

4. 맺음말

　본 장에서는 주제별 중첩 기능 활용 방안을 보이기 위하여 이스라엘·팔레스타인 분쟁사를 대상으로 전자문화지도 시스템을 설계 및 구현하였다. 이 시스템을 활용하여 팔레스타인 무장단체의 공격 지점에 대한 분석 및 이스라엘-팔레스타인의 자원 활용 문제, 그리고 이스라엘 정착촌이 팔레스타인 자치지역에 건설되고 있다는 등의 사실을 중첩된 지도를 기반으로 시각적인 분석을 통하여 파악할 수 있었다. 이러한 활용 사례는 기존의 인문·지역 연구들에도 그대로 적용될 수 있을 것으로 판단되며, 이를 통하여 보다 다양하고 체계적인 연구가 가능할 것이다.

　결론적으로 본 사례에서는 기존 전자문화지도를 보다 효율적으로 활용할 수 있는 방안을 제시하였으며, 주제별 중첩 기능의 활용은 기존의 정보의 확산과 공유와 더불어 주요 기능으로 자리매김 할 것으로 기대된다. 이는 인문·지역 연구를 포함하여 다양한 분야에도 적용될 수 있을 것으로 판단되며, 다양한 분야에서 전자문화지도에 주목하게 만들 수 있는 기반이 될 것이다.

9장 디지털 인문학의 빅데이터 활용 사례*

최근에 인문학과 정보통신기술이 융합된 형태의 연구나 시스템에 대한 사용자 요구가 증가되고 있다. 그리고 모바일 시대를 맞이하여 데이터 양이 기하급수적으로 증가하는 엄청난 양의 데이터를 처리할 수 있는 빅데이터가 정보통신기술 분야의 차세대 패러다임으로 주목받고 있다. 이러한 추세에 맞추어 빅데이터 분야와 인문학이 결합한 형태인 빅데이터 인문학이 디지털 인문학과 연계하여 새롭게 대두되고 있다. 아직은 빅데이터 인문학 분야가 초기 단계에 머물러 있지만, 디지털 아카이빙을 통하여 축적된 인문학 관련 정보들을 기반으로 빅데이터 응용 기술을 활용한다면 인문학 관련 연구 수행이나 결과 활용 및 확산에 많은 파급 효과가 있을 것으로 예상된다. 본 장에서는 이러한 빅데이터 인문학에 대하여 구글의 엔그램 뷰어를 중심으로 한 활용 사례를 살펴본다.

1. 머리말

최근에 모바일 시대가 도래되면서 SNS, 사진, 동영상 같은 다채로운 디지털 정보가 등장하면서 데이터 양이 기하급수적으로 증가하는 빅데이터 시대를 맞고 있다. 즉, 모바일 시대를 맞이하여 데이터 양이

---

* 이 글은 『예술인문사회융합멀티미디어논문지』 제5권 제6호 2015에 실린 논문 ("엔그램 뷰어를 이용한 인문학의 빅데이터 사례 연구")을 일부 수정 보완한 것임.

기하급수적으로 증가하는 엄청난 양의 데이터를 처리할 수 있는 빅데이터가 미래 사회의 차세대 패러다임으로 주목받고 있다. 이러한 빅데이터 안에서 숨겨진 의미 있는 패턴을 찾아내고 이를 기반으로 미래를 예측하는 것이 바로 빅데이터 시대의 핵심 응용이다. 이러한 빅 데이터는 기술 영역으로부터 출발했지만, 이제는 정치, 사회, 경제, 문화, 과학 기술 등 전 영역에서 활용 가능성을 모색하고 있다.6)

이러한 추세에 맞추어 빅데이터가 인문학과 결합한 형태인 가칭 빅데이터 인문학이 디지털 인문학과 연계하여 새롭게 떠오르고 있다. 이러한 빅데이터를 인문학에 접목하려는 시도는 있었지만 아직까지 구체적인 연구 사례는 없는 실정이다. 따라서 빅데이터 인문학 분야가 초기 개념 정립 단계에 머물러 있지만, 디지털 아카이빙을 통하여 축적된 인문학 관련 정보들을 기반으로 빅데이터 관련 기술을 활용한다면 인문학 관련 연구 수행이나 결과 활용 및 확산에 많은 파급 효과가 있을 것이다.

본 장에서는 디지털 인문학 연구에서 빅데이터 활용에 대한 사례를 제시한다. 세부적으로 빅데이터 인문학의 대표적 도구인 구글의 엔그램 뷰어를 활용하여 인문학 연구에 정량적 분석 사례를 살펴본다. 기본적으로 디지털 도서에 나타난 방대한 양의 어휘 데이터를 조사하여 인간 문화의 유형을 파악할 수 있다. 이를 통하여 빅데이터 인문학이 인류의 오랜 자산인 도서나 문헌 등을 디지털화한 후에, 이를 기반으로 한 문화, 역사 등의 연구는 인문학 연구방법론의 새로운 시도가 될 수 있다.

---

6) Viktor Mayer-Schönberger and Kenneth Cukier. 2014. *Big Data: A Revolution That Will Transform How We Live, Work, and Think.* John Murray Publishers.

2. 구글 엔그램 뷰어(Google Ngram Viewer)

일반적인 관점에서 볼 때는 인문학과 빅데이터는 관련이 없다고 여겨질 수 있지만, 자세히 들여다보면 의외로 관련성이 있다는 것을 알 수 있다. 근래에 인문 정보나 지식이 축적된 도서, 출판자료 등을 디지털 기술 및 정보통신기술을 활용하여 디지털화하는 작업은 국내외적으로 많은 사례들이 있다. 그리고 텍스트나 이미지 형태로 디지털화한 자료들을 중심으로 구축된 데이터베이스가 인문학 관점에서 보면 빅데이터로 볼 수 있다. 이러한 대표적인 사례로 구글의 북스 라이브러리 프로젝트(books library project)가 있으며, 이 프로젝트를 통해 현재까지 약 3,000만권의 책들을 디지털화하였다.

빅데이터 인문학은 빅데이터의 응용 분야를 인문학에 접목시킨 경우로, 이러한 빅데이터 인문학의 대표적인 도구로 엔그램 뷰어(Ngram viewer)가 있다. 에레즈 에이든과 장바티스트 미셸은 구글 북스 라이브러리 프로젝트를 통해 디지털화된 책들을 기반으로 특정 단어의 시기적 출현 빈도를 이용하여 인류의 문화를 살펴볼 수 있는 기술을 개발하였는데, 이 기술의 핵심이 바로 구글의 엔그램 뷰어이다.[7] 그리고 이 엔그램뷰어를 이용하여 나온 결과를 분석하는 방법이 컬처로믹스(Culturomics)이다.

엔그램 뷰어는 구글 북스 라이브러리 프로젝트를 통하여 1800년부터 2012년까지 출간된 책을 디지털화한 3,000만권의 책들 중에서 추려낸 800만권의 책을 대상으로, 검색창에 키워드를 입력하면 지난

---

7) 에레즈 에이든, 장바티스트 미셸. 2015. 『빅데이터 인문학: 진격의 서막』. 김재중 역. 사계절.

500년간 사용된 빈도 추이를 그래프로 보여주는 웹 기반 프로그램이다. 구글 엔그램 뷰어[8])의 주요 인터페이스는 다음 그림과 같다. 세부적으로 키워드를 입력하는 창과 검색 년도를 설정하는 창이 있으며, 도서의 언어를 설정할 수 있는 드롭 박스(drop box)가 있다.

[그림 9-1] 구글 엔그램 뷰어의 인터페이스

엔그램 뷰어는 현재까지 나와 있는 빅데이터 인문학 관련 도구들 중에서 대표적인 도구라고 할 수 있다. 이전까지는 인문학과 관련하여 전 세계적으로 너무나 많은 기록물들이 있어서 체계적으로 분석하기에는 많은 어려움이 있었다. 그러나 엔그램 뷰어를 활용하게 되면 디지털화된 도서들을 대상으로 특정 키워드들을 통하여 연도별로 사용 빈도가 어떻게 변화하였는지를 수량화하여 그래프로 보여주기 때문에 체계적이고 정량적인 분석이 가능하게 된다. 즉, 방대한 양의 디지털 도서라는 빅데이터를 대상으로 인간의 역사나 문화 등을 분석하는 것이 가능하게 된다.

이러한 엔그램 뷰어는 디지털화된 도서를 기반으로 특정 키워드들이 사용된 빈도 추이를 그래프로 보여주는 단순한 도구이지만, 방대한 데이터들에 대한 직관적인 표현의 결과인 그래프로 보여주는 것이 가장 큰 장점이다. 즉, 엔그램 뷰어의 그래프는 정량화하기 어려운

---

8) https://books.google.com/ngrams/

인문학의 추상적 내용을 정량화하여 보여줄 수 있다. 따라서 이러한 엔그램 뷰어의 특성을 인문학 연구에서 충분하게 활용한다면 많은 도움이 될 수 있다. 세부적으로 엔그램 뷰어를 통한 인문학의 빅데이터 분석 연구에서 방대한 도서들 내에 특정 키워드의 빈도 변화를 기초로 하여 의미있는 해석을 할 수 있다. 또한, 이를 통하여 인류가 남긴 방대한 기록물 분석을 통하여 과거의 발자취를 유추하고 재해석할 수 있다.

3. 엔그램 뷰어를 활용한 인문학의 빅데이터 활용 사례

1) 이스라엘·팔레스타인 분쟁과 지중해지역 분석

이스라엘과 팔레스타인 간의 분쟁의 역사는 유대인들이 팔레스타인(시온)에 유대 민족국가를 건설하자는 시오니즘 운동에서 시작한다. 제1차 세계대전 중 영국은 전쟁의 성공적 수행을 위해 시오니즘을 지지함과 동시에 아랍인들의 협력을 요청하였고, 양자 모두에게 팔레스타인을 내주겠다는 약속을 함으로써 전쟁의 불씨를 만들었다. 아랍 측과 이스라엘 측은 그 후 네 차례(1947·56·67·73년)의 전쟁을 치렀고, 이후 팔레스타인인들의 자살폭탄 공격과 이스라엘의 반격 등으로 양측에서 모두 많은 희생이 잇따랐다.

이러한 이스라엘·팔레스타인 분쟁을 대상으로 엔그램 뷰어를 통하여 수행한 결과는 다음 그림과 같다. 세부적으로 이스라엘·팔레스타인 분쟁과 관련하여 중요 키워드를 이스라엘, 팔레스타인, 하마스, 가자지구로 하여 빈도 분석을 수행하였다. 이 엔그램 뷰어의 결과를 통하여 이스라엘·팔레스타인 분쟁과 관련하여 다양한 분석이 가능하다.

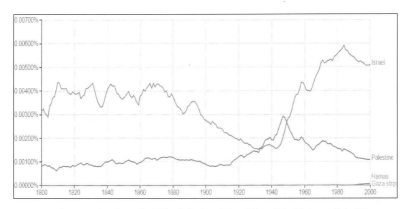

[그림 9-2] 엔그램 뷰어 수행 결과(이스라엘, 팔레스타인, 하마스, 가자지구)

이 그래프를 통하여 이스라엘이 팔레스타인에 비하여 역사적으로 항상 주목을 받고 있었는데, 1940년대 전후로 팔레스타인의 빈도수가 이스라엘보다 많아진 것은 이 시기에 팔레스타인과 관련하여 중대 사건이나 이슈가 있었음을 추측할 수 있다. 반면에 하마스와 가자지구는 상대적으로 빈도가 매우 저조하여, 이스라엘·팔레스타인 분쟁과 관련하여 중요 이슈지만 도서 상에서는 그다지 주목받지 못함을 알 수 있다.

지중해는 고대부터 근대에 이르기까지 동양 및 서양 문명이 교류하는 역사적으로 매우 중요하고 가치가 있는 지역이다. 세부적으로 지중해의 국가들은 지중해라는 바다를 통하여 서로 연결되어 교역을 하며 때로는 전쟁을 통하여 서로 끊임없이 소통했고 교류하면서 발전을 해왔다. 이러한 지중해지역 분석을 위하여 지중해, 프랑스, 이탈리아, 터키, 이집트를 키워드로 하여 엔그램 뷰어로 수행한 결과는 다음 그림과 같다.

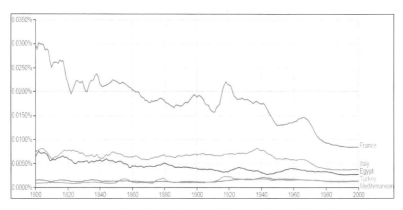

[그림 9-3] 엔그램 뷰어 수행 결과(프랑스, 이탈리아, 이집트, 터키, 지중해)

이 엔그램 뷰어의 결과를 통하여 지중해, 이탈리아, 이집트, 터키는 비교적 일정한 빈도로 나타나고 있다. 반면에 프랑스는 초창기에는 빈도 수가 상대적으로 많이 높았으나 현대에 오면서 점점 낮아지고 있으며, 이는 프랑스의 국가 영향력이 지속적으로 낮아지고 있음을 파악할 수 있다. 그리고 지중해라는 용어는 개별 국가의 빈도에 비하여 상대적으로 빈도가 매우 저조하였으며, 이를 통하여 지중해지역은 도서 상에서는 많이 사용되지 않았음을 알 수 있다. 또한 개별 국가명으로는 프랑스, 이탈리아, 이집트, 터키 순으로 빈도가 나타나고 있다.

2) 이란 혁명 분석

중동에는 이슬람과 관련된 여러 역사적 사건들이 있지만, 그 중에서 이란 혁명은 매우 중요한 의미를 가진다. 이란 혁명은 1979년 2월 팔레비 왕조의 국왕독재를 타도하고 호메이니 지도하에 이슬람정치 체제를 수립한 혁명으로 이슬람 근본주의가 활성화되는 역할을 하였다.9) 이 혁명을 기반으로 시아파 이슬람 근본주의 국가가 생겨났다. 그리고 이라크, 사우디아라비아내 시아파들이 준동하여 폭동을 일으키고 유혈 사태 등이 일어났고, 더불어 이란과 이라크간의 국경 합의를 이란에서 일방적으로 파기함에 따라 이란·이라크 전이 발생하였다.

이란 혁명을 대상으로 분석하기 위하여 먼저 혁명의 시초가 되는 팔레비 왕조와 무함마드 레자 팔레비를 검색 키워드로 설정한다. 그리고 엔그램 뷰어를 통하여 1920년부터 2000년도까지의 빈도 분석을 수행한 결과는 다음 그림과 같다.

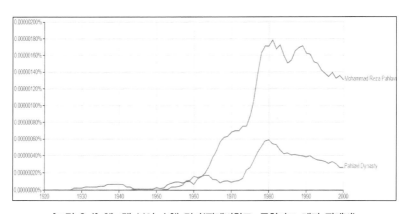

[그림 9-4] 엔그램 뷰어 수행 결과(팔레비왕조, 무함마드 레자 팔레비)

이 그래프를 통하여 팔레비 왕조는 1924년부터 등장한 것을 알 수 있다. 이는 카자르 왕조의 군인이던 레자 칸이 1924년 위원회의 결의로 왕위에 올라 팔레비 1세가 되면서 팔레비 왕조가 등장했기 때문이

---

9) 김정위. 1995. "팔레비조의 생성과정과 이슬람 혁명". 『한국이슬람학회논총』. 제5권, 제1호. 한국이슬람학회. pp.61-76.

다. 그리고 1974년부터 팔레비 왕조에 대한 언급이 급증하는데, 이는 팔레비 왕조의 친서방 정책에 따라 이란 국민들이 격렬한 반대시위를 하면서 국제적 관심이 급증한 것으로 보인다. 반면에 1980년대 이후로는 이란 혁명으로 인해 팔레비 왕조가 멸망함에 따라 점차 빈도가 감소함을 알 수 있다. 그래프에서 무함마드 레자 팔레비는 1944년부터 등장하기 시작하는데, 이는 그가 1941년 팔레비 왕조의 2대 샤로 등극하였기 때문이다. 그리고 1950~70년대의 빈도가 급격히 증가하는데, 이는 무함마드 레자 팔레비가 친서방 정책을 펼침과 동시에 이란 시민의 반정부 시위가 증가하였기 때문임을 알 수 있다. 그리고 1980년 이후에는 이란 혁명에 따라 왕위에서 퇴위함으로 빈도가 점차 줄어들고 있다.

  이란 혁명과 관련한 추가 분석을 위한 다른 검색 키워드로 호메이니, 이슬람 혁명, 이란 혁명으로 설정하여 엔그램 뷰어로 수행한 결과는 다음 그림과 같다.

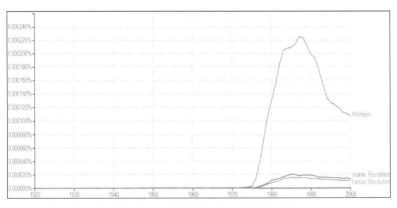

[그림 9-5] 엔그램 뷰어 수행 결과(호메이니, 이슬람 혁명, 이란 혁명)

이 그래프를 보면 호메이니는 1932년부터 등장하는데, 이것은 1932년 호메이니가 테헤란의 유명한 성직자의 딸과 결혼하면서 관련 도서가 등장하였기 때문이다. 그리고 호메이니는 1970년대 중반까지는 빈도가 상대적으로 낮은데, 이때까지는 일반적인 과격 정치범으로 분류되어 그다지 부각되지 않았음을 알 수 있다. 그러나 1970년대 중반부터 이란 시민의 반정부 시위에서 그를 정신적 지도자로 여기게 되면서 급속하게 빈도가 증가하였다. 반면에 1980년대 후반 그의 건강이 악화되고 1989년 사망함으로 점차 그에 대한 빈도도 감소한다. 이슬람 혁명은 빈도가 상대적으로 저조하였으나, 1976년을 기점으로 가파르게 상승하는데 이는 1979년 이란 혁명을 기점으로 한다. 이슬람 혁명은 1920년 이전부터 지속적으로 등장하였으나, 1970년대 중반 이란 혁명을 기점으로 급격하게 빈도가 증가한다. 이란 혁명이 성공적으로 마무리된 이후에도 이슬람 혁명이란 용어는 지속적으로 나타나고 있다. 그리고 이슬람 혁명과 이란 혁명의 빈도 추이를 비교해보면 비슷한 패턴을 보이고 있으며 이슬람 혁명이 상대적으로 높게 나타났다. 이를 통하여 이슬람 혁명과 이란 혁명은 유사한 용어로 사용됨을 알 수 있으며, 이란 혁명보다는 이슬람 혁명이라는 용어를 더욱 많이 언급함을 알 수 있다.

이란 혁명은 1978년 1월에 시작되어 1979년 2월 혁명 정부가 모든 권력을 장악하고 종교지도자들이 이슬람 의회로 진출함으로 마무리되었다. 따라서 이란 혁명과 관련하여 세부적인 빈도 분석을 하기 위하여 앞에서 언급한 5개의 검색 키워드인 호메이니, 이슬람 혁명, 이란 혁명, 팔레비 왕조, 무함마드 레자 팔레비를 대상으로 이란혁명 전 2년(1976-1978), 이란 혁명 중 2년(1978-1980), 이란 혁명 후 2년(1980-

1982)으로 수행한 결과는 다음 그림과 같다.

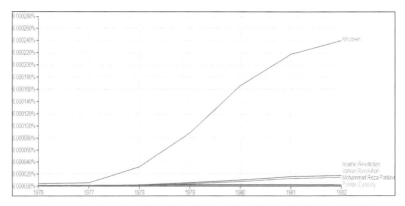

[그림 9-6] 엔그램 뷰어 수행 결과(호메이니, 이슬람 혁명, 이란 혁명, 팔레비왕조,
무함마드 레자 팔레비)

　　이란 혁명이 발생하기 전에는 호메이니, 이슬람 혁명, 이란 혁명, 팔레비 왕조, 무함마드 레자 팔레비의 발생 빈도는 매우 저조한 편이나 호메이니에 대한 빈도는 상대적으로 높았다. 이는 이란 혁명 발생 전부터 호메이니에 대한 관심은 비교적 높음을 알 수 있다. 그리고 이란 혁명 발생과 발생 이후에는 호메이니의 발생 빈도는 급격하게 높아졌고, 이를 통하여 호메이니와 이란 혁명은 매우 밀접한 관계가 있었음을 알 수 있다. 그리고 이슬람 혁명과 이란 혁명은 상대적으로는 높지는 않으나 지속적으로 증가하고 있지만, 반면에 팔레비 왕조와 무함마드 레자 팔레비는 지속적으로 감소함을 알 수 있다. 이를 통하여 이란 혁명의 성공 이후에 이슬람 및 이란 혁명에 대한 관심은 높아졌고, 팔레비 왕조의 멸망과 더불어 팔레비 및 무함마드 레자 팔

레비에 대한 관심은 낮아졌음을 알 수 있다.

4. 맺음말

인문학 연구에서의 빅데이터 활용은 인문학과 정보통신기술을 융합하는 새로운 연구 분야로 주목받고 있으며, 디지털화된 방대한 인문학 데이터를 바탕으로 빅데이터 응용 기술을 접목할 수 있다. 이러한 빅데이터 인문학 분야의 대표적인 사례인 엔그램 뷰어를 활용하여 분석된 데이터들을 인문학 연구 및 결과 공유나 확신에 적절하게 이용하게 된다면 인문학을 위한 빅데이터의 활용 가치가 더욱 높아질 것으로 기대된다. 또한, 특정 인문학 관련 주제를 심층적으로 분석하기 위하여 관련 키워드들을 기반으로 엔그램 뷰어를 수행하여 결과를 분석한다면 더욱 효과적인 활용이 가능하다.

엔그램 뷰어는 인문학 분야에서의 빅데이타 활용을 위한 구체적인 활용 사례를 입증했을 뿐만 아니라, 나아가서 전통 인문학 연구에서는 정량적인 데이터 분석을 도입하기 어렵다는 선입견을 타파했다는 데 큰 의의가 있다. 앞으로 인문학에서 축적한 다양한 인문지식이나 정보를 디지털화한 후에, 여기에 빅데이터 응용 기술을 적용하게 되면 인문학 발전 및 성과 확산에 큰 진전이 있을 것으로 기대된다.

문상호(文相皓)

부산대학교 공학 박사
전공분야: 데이터베이스, 지리정보시스템, 정보시스템 감리, 디지털 인문학
現) 부산외국어대학교 컴퓨터공학과 교수
    부산외국어대학교 지중해지역원 일반연구원

강지훈(姜池勳)

부산외국어대학교 공학 박사
전공분야: 데이터베이스, 디지털 인문학
現) 부산외국어대학교 지중해지역원 HK연구교수

이동열(李東烈)

부산외국어대학교 지역학 석사
전공분야: 지역학, 디지털 인문학
現) 부산외국어대학교 지중해지역원 연구원
    부산외국어대학교 일반대학원 글로벌지역학과 박사과정

디지털 인문학의
이해

초판인쇄 2016년 6월 30일
초판발행 2016년 6월 30일

지은이 문상호・강지훈・이동열 지음
펴낸이 채종준
펴낸곳 한국학술정보㈜
주소 경기도 파주시 회동길 230(문발동)
전화 031) 908-3181(대표)
팩스 031) 908-3189
홈페이지 http://ebook.kstudy.com
전자우편 출판사업부 publish@kstudy.com
등록 제일산-115호(2000. 6. 19)

ISBN 978-89-268-7494-3 93920

이 책은 한국학술정보㈜와 저작자의 지적 재산으로서 무단 전재와 복제를 금합니다.
책에 대한 더 나은 생각, 끊임없는 고민, 독자를 생각하는 마음으로 보다 좋은 책을 만들어갑니다.

* 이 저서는 2007년도 정부(교육부)의 재원으로 한국연구재단의 지원을 받아 수행된 연구임(NRF-2007-362-A00021)